# O COLÉGIO ESTADUAL MÁRIO DE ANDRADE DE FRANCISCO BELTRÃO-PR (1964-1982)

ASPECTOS HISTÓRICOS E O ENSINO DE GEOGRAFIA

Catalogação na Fonte
Elaborado por: Dayanne Leal Souza
Bibliotecária CRB 9/2162

Belliato, Moacir da Costa
B443c O Colégio Estadual Mário de Andrade de Francisco Beltrão - PR (1964 -
2024 1982): aspectos históricos e o ensino de geografia / Moacir da Costa Belliato, Marli Terezinha Zsumilo Schlosser e André Paulo Castanha. – 1. ed. – Curitiba: Appris, 2024.
191 p. : il. color. ; 23 cm. – (Geral).

Inclui referências.
ISBN 978-65-250-6508-3

1. Paraná, Sudoeste - História. 2. Ensino secundário. 3. História da educação. 4. Formação profissional. I. Belliato, Moacir da Costa. II. Schlosser, Marli Terezinha Zsumilo. III. Castanha, André Paulo. IV. Título. V. Série.

CDD – 370.09

Livro de acordo com a normalização técnica da ABNT

Appris editora

Editora e Livraria Appris Ltda.
Av. Manoel Ribas, 2265 – Mercês
Curitiba/PR – CEP: 80810-002
Tel. (41) 3156 - 4731
www.editoraappris.com.br

Printed in Brazil
Impresso no Brasil

Moacir da Costa Belliato
Marli Terezinha Zsumilo Schlosser
André Paulo Castanha

# O COLÉGIO ESTADUAL MÁRIO DE ANDRADE DE FRANCISCO BELTRÃO-PR (1964-1982)

## ASPECTOS HISTÓRICOS E O ENSINO DE GEOGRAFIA

Curitiba, PR
2024

## FICHA TÉCNICA

*Aos professores e alunos do Colégio Estadual Mário de Andrade*

# AGRADECIMENTOS

Agradecemos a equipe do Colégio Estadual Mário de Andrade, que auxiliou no acesso às fontes, o que tornou possível a realização deste estudo. Aos queridos professores doutor Gilmar Fiorese, ao professor doutor Ronaldo Aurélio Gimenes Garcia, à professora doutora Mafalda Nesi Francischett, à professora doutora Adélia Aparecida de Souza Haracenko, pelas valiosas contribuições, nosso muito obrigado!

*Educar é o ato de produzir, direta e intencionalmente em cada indivíduo singular, a humanidade que é produzida histórica e coletivamente pelo conjunto dos homens*

*(Demerval Saviani, 2008, p. 13).*

# PREFÁCIO

O valor do professor se confirma quando ele ensina, pensa e socializa o que sabe. O papel da escola se materializa nas ações humanas, nas atitudes em prol do desenvolvimento social. Quando quem aprendeu reconhece o papel de quem o ensinou, eterniza-se a plenitude do Ser no humano. Quando quem aprendeu reconhece o papel da escola, ela se eterniza como instituição de bem no mundo.

Com essa reflexão, convido você, leitor desta obra de Moacir da Costa Belliato, Marli Terezinha Szumilo Schlosser e André Paulo Castanha, a se debruçar numa leitura qualitativa e valorativa sobre a origem e a história de uma das mais significativas escolas de Francisco Beltrão: *O Colégio Estadual Mário de Andrade de Francisco Beltrão-PR (1964-1982): Aspectos Históricos e o Ensino de Geografia.*

O Colégio Estadual Mário de Andrade (Cema) é uma instituição escolar que acolheu, independentemente de classe e de posição social, e preparou vários estudantes para se encaminharem profissionalmente. Continua no seu papel de proporcionar conhecimentos aos jovens que passam pelo ensino fundamental e médio, com evidências de uma escola que preza pelo ensino de qualidade, pelo apego afetivo, e deixa pegadas significativas em quem por lá traça sua caminhada estudantil, como no meu caso, que tive o privilégio de lá estudar, lecionar e compartilhar experiências educativas.

Sobre a atuação do Cema, que faz história desde a década de 1960, os autores desvelam a importância dessa instituição educativa, demonstrando o quanto essa escola pública contribuiu na formação da cidadania territorial e humana da população beltronense.

Estudar o processo formativo da educação brasileira é o grande atributo deste livro, que, ao abordar a educação no sudoeste do Paraná, traz os primórdios da história do Cema, que contribuiu e ainda o faz, inclusive na constituição dinâmica do espaço geográfico, desde sua origem. Há de se destacar a chegada projetiva das irmãs escolares da Congregação Religiosa do Instituto Nossa Senhora da Glória, como precursoras.

Os autores aproximam a realidade beltronense com as crises e lutas que marcaram essa terra e culminaram com a Revolta dos Posseiros, cujas pegadas dão conta do quanto a população sudoestina se uniu, defendeu esse lugar e, além disso, reivindicou por educação de qualidade, o que resultou na criação da instituição, bem como de tudo que abrange a composição e a dinâmica do município de Francisco Beltrão.

Este livro veio para editar a educação de Francisco Beltrão, no tempo e no processo histórico, uma vez que a constituição educacional se firmou em poder de luta e do desejo de proporcionar às gerações subsequentes o melhor conhecimento possível. Esclarece sobre a realidade instalada pelas instâncias do espaço-tempo, na educação paranaense e do município de Francisco Beltrão. Traz o mérito do rigor científico, conforme as pesquisas em ensino e educação exigem, e se apresenta de modo didático. Move a plenária da constituição da educação escolar construída pelos professores ao trabalharem com as Ciências, e pelos demais sujeitos que viabilizam a educação escolar.

A participação efetiva e interessada dos professores, no processo de ensino do Cema, perpassa pela prática estruturada e sistematizada, promove o conhecimento e torna os lugares em eventos representativos do seu povo. Os processos e as formas que constituem o território de Francisco Beltrão e da região sudoeste do Paraná trazem as marcas da sua população. Estudar o espaço geográfico de abrangência do colégio, como os autores apresentam neste livro, permite-nos saber sobre a realidade instalada e modificada, em escalas regionais e no município de Francisco Beltrão. Mérito também na especificidade das categorias educativas, no modo didático e constituinte das práticas educativas, construídas pelos professores pioneiros e por todos aqueles que passaram e os que ainda permanecem na vida cotidiana da instituição.

Isso demonstra a importância da atuação dos professores no processo, razão que justifica, instigando-os a seguirem em suas práticas, permeadas por conhecimentos necessários. Assim, aceno a todos os beltronenses, sejam os que estudaram, trabalharam ou os que acompanharam a constituição do colégio, feito em paralelo com o município, que percebam tais contribuições. E que assim possamos continuar acreditando nas mudanças, que passam pela trajetória do conhecer, dos fatos e da história da educação de um povo, num determinado lugar chamado Francisco Beltrão.

No mistério do sem-fim da educação escolar, que estejamos sempre defendendo nossas origens e nossas experiências, entrelaçadas nas maravilhas e nas contradições, nos acumulados na paisagem e no processo de constituição do lugar. Aos que têm o nome identificado na história da educação do Cema e aos que estão no anonimato — mas muito fizeram pela educação —, esta obra zela pela gratidão e pelo reconhecimento.

Seja no silêncio da leitura desta obra ou ao ouvir o badalar do sino da Concatedral Nossa Senhora da Glória, que reconheçamos a luta de muitos, dos que para cá vieram e dos beltronenses que constituíram esse gentio e se constituíram nele, por nascimento ou por amor. O reconhecimento a essa gente que defende a educação e a formação humana dessa população.

Nesta obra, percebemos as ações nas descobertas, nas lutas e na história de um povo, numa leitura curiosa e cuidadosa, pois os autores dão sentido e significado ao ensinar, ao estudar, ao aprender e ao registrar a educação de modo geral e constituinte dos pioneiros. São lembrados também daqueles que nas suas funções públicas ou privadas compreendem o significado da educação para os cidadãos. O fenômeno geográfico e histórico, que nos constituiu como beltronenses, agora nos enche de luz e de orgulho e nos refugia a viver os contrastes da vida, diante da esperança e da potência do ato educativo; que esse princípio nunca nos cale!

Retomamos os agradecimentos a Moacir, Marli e André por valorizarem a educação e se dedicaram a registrar os feitos na educação de Francisco Beltrão.


**Mafalda Nesi Francischett**

*Beltronense*

*Professora da Unioeste/Francisco Beltrão*

# LISTA DE SIGLAS E ABREVIATURAS

| | |
|---|---|
| **ACARPA** | Associação de Crédito e Assistência Rural do *Paraná* |
| **AGB** | Associação dos Geógrafos Brasileiros |
| **ARENA** | Aliança Renovadora Nacional |
| **CANGO** | Colônia Agrícola Nacional General Osório |
| **CEBs** | Comunidades Eclesiais de Base |
| **CEE** | Conselho Estadual de Educação |
| **CFE** | Conselho Federal de Educação |
| **CGI** | Comissão Geral de Investigações |
| **CEMA** | Colégio Estadual Mário de Andrade |
| **CER** | Cooperativa de Eletrificação Rural |
| **CIBRAZEM** | Companhia Brasileira de Armazenamento |
| **CIRETRAN** | Circunscrição Regional de Trânsito |
| **CITLA** | Clevelândia Industrial e Territorial Ltda |
| **CLASPAR** | Empresa Paranaense de Classificação de Produtos Agropecuário |
| **COHAPAR** | Companhia de Habitação do Paraná |
| **COMIBEL** | Cooperativa Mista Francisco Beltrão |
| **CNBB** | Conferência Nacional dos Bispos do Brasil |
| **CONFRABEL** | Cooperativa Francisco Beltrão |
| **COPEL** | Companhia de Energia Paranaense |
| **CSN** | Companhia Siderúrgica Nacional |
| **CVRD** | Companhia Vale do Rio Doce |
| **FNM** | Fábrica Nacional de Motores |
| **EMC** | Educação Moral e Cívica |
| **ESALQ** | Escola Superior Agrícola Luís de Queiroz |
| **FACIBEL** | Faculdade de Ciências Humanas de Francisco Beltrão |
| **FENAFE** | Festa Nacional do Feijão |
| **FIAT** | Fábrica Italiana de Automóveis de Torino |
| **GREC** | Grupo Executivo de Crédito Rural |
| **GETSOP** | Grupo Executivo para as Terras do Sudoeste do Paraná |
| **INCRA** | Instituto Nacional de Colonização e Reforma Agrária |

| | |
|---|---|
| **IBGE** | Instituto Brasileiro de Geografia e Estatística |
| **IPE** | Instituto de Previdência do Estado |
| **ITCF** | Instituto de Terras Cartografia e Florestas do Paraná |
| **JAC** | Juventude Agrária Católica |
| **JEC** | Juventude Estudantil Católica |
| **JOC** | Juventude Operária Católica |
| **JUC** | Juventude Universitária Católica |
| **LDB** | Lei de Diretrizes e Bases da Educação |
| **LDBEN** | Lei de Diretrizes e Bases da Educação Nacional |
| **MDB** | Movimento Democrata Brasileiro |
| **MEB** | Movimento Estudantil Brasileiro |
| **MEC** | Ministério de Educação e Cultura |
| **MOBRAL** | Movimento Brasileiro de Alfabetização |
| **OSPB** | Organização Social e Política do Brasil |
| **PSS** | Processo Seletivo Simplificado |
| **PSD** | Partido Social-Democrata |
| **PT** | Partido dos Trabalhadores |
| **PTB** | Partido Trabalhista Brasileiro |
| **RADIPAR** | Paraná Radiodifusão S/A |
| **SAAE** | Serviço Autônomo de Água e Esgotos |
| **SEAG** | Secretaria de Estado de Abastecimento Agrícola |
| **SEIC** | Secretaria de Estado da Comunicação Social e da Cultura do Estado do Paraná |
| **SNI** | Serviço Nacional de Inteligência |
| **TFI** | Território Federal do Iguaçu |
| **TER** | Tribunal Regional Eleitoral |
| **UDN** | União Democrática Nacional |
| **UFRJ** | Universidade Federal do Rio de Janeiro |
| **UNIOESTE** | Universidade Estadual do Oeste do Paraná |
| **URGS** | Universidade do Rio Grande do Sul |
| **USP** | Universidade de São Paulo |

# SUMÁRIO

INTRODUÇÃO ........ 19

CAPÍTULO I
O GOVERNO MILITAR E SEUS IMPACTOS NO DESENVOLVIMENTO NACIONAL E LOCAL ........ 25
1.1 O projeto de desenvolvimento nacional implementado pelo governo militar ... 25
1.2 O processo de ocupação na região sudoeste do Paraná ........ 42

CAPÍTULO II
FRANCISCO BELTRÃO NO CONTEXTO DO SUDOESTE DO PARANÁ .. 63
2.1 O desenvolvimento de Francisco Beltrão e região ........ 63
2.2 Do Ginásio Estadual Francisco Beltrão ao Colégio Estadual Mário de Andrade de 1964 a 1982 ........ 94

CAPÍTULO III
O COLÉGIO ESTADUAL MÁRIO DE ANDRADE E O ENSINO DE GEOGRAFIA ........ 117
3.1. As bases legais do ensino de Geografia ........ 117
3.2 A trajetória do ensino de Geografia: do Físico ao Crítico ........ 146
3.3 O ensino de Geografia no Colégio Estadual Mário de Andrade ........ 163

CONCLUSÕES ........ 179

REFERÊNCIAS ........ 183

# INTRODUÇÃO

O Colégio Estadual Mário de Andrade (Cema) é uma instituição de ensino pública localizado no município de Francisco Beltrão (PR). Um número expressivo do empresariado e de profissionais liberais, como: médicos, professores educadores, contabilistas, engenheiros, enfim parte expressiva da classe trabalhadora de Francisco Beltrão e região, teve sua história de vida marcada pela passagem nessa instituição pública estadual. As ações educacionais do ginásio/colégio impactaram o desenvolvimento local e a região sudoeste do Paraná como um todo.

Sua origem está situada dentro dos acontecimentos históricos regionais e nacionais da década de 1960. A região protagonizou um processo significativo de desenvolvimento. As famílias que aqui se instalaram para construir seu futuro começaram a reivindicar a instalação de uma instituição de nível secundário para seus filhos, visto que eram de baixo poder aquisitivo e não tinham condições de mandarem seus filhos estudarem fora. Assim surgiu o Ginásio Estadual Francisco Beltrão em 1964. Sua primeira sede foi instalada nas dependências do então Grupo Escolar Eduardo Virmond Suplicy.

Nesta obra, procuramos analisar o papel histórico regional do Cema no ensino de Geografia no período de 1964 a 1982. No recorte proposto, colocamos em evidência o ano de 1964, por duas razões, uma de caráter nacional e outra local. No âmbito nacional, foi o ano em que ocorreu o golpe civil-militar no Brasil. No aspecto local destacamos a criação do Ginásio Estadual de Francisco Beltrão, instituição que deu origem ao Cema. O regime militar desenvolveu alguns projetos nas áreas de energia, infraestrutura, agricultura, telecomunicações e educação que promoveram transformações no desenvolvimento nacional e regional. Santos (2008) e Flávio (2011) apontam que o desenvolvimento regional representou também degradação ambiental e exclusão social. Vários registros históricos evidenciaram que foram tempos obscuros para a nação brasileira com poucos avanços no que se refere à educação, à saúde e ao trabalho, além da prática de tortura e censura aos críticos do regime.

Quanto ao recorte final de 1982, destacamos a aprovação naquele ano da Lei 7.044, de 18 de outubro, que promoveu alterações na Lei 5.692/71, ao retirar a obrigatoriedade de profissionalização no ensino secundário.

Essa medida possibilitou uma reestruturação nos cursos ofertados pelo Cema a partir de então.

A opção pelo tema está vinculada à inexistência de estudos específicos sobre o papel dessa instituição pública no processo de formação e desenvolvimento da região. Investigamos sua função, tendo em vista seu protagonismo como parte da formação no processo educacional para Francisco Beltrão e região. Este estudo é fundamental para compreendermos a relação entre educação e desenvolvimento regional.

A pesquisa justifica-se pela necessidade de resgatar parte da história da educação e do ensino de Geografia no Cema entre 1964 e 1982, mediante a análise de documentos e de outros estudos já produzidos sobre a região e a instituição. Entre estes destacamos os escritos de época, redigidos pelo professor Lazier (1977)[1]. Sobre essa fonte, ressaltamos que, embora ela não apresente textos com um teor crítico, por relatar um evento comemorativo: os 25 anos do município de Francisco Beltrão, entendemos que se trata de uma fonte histórica significativa, pois está relacionada ao período do estudo e traz um conjunto expressivo de informações sobre agricultura, comércio, saúde e educação, evidenciando o desenvolvimento regional da época. Utilizamos também fontes bibliográficas e entrevistas, entre outros, como parte das contribuições para a educação regional que a instituição ofertou.

O que se pretendeu com esta pesquisa, enquanto objetivo geral, foi analisar o papel histórico regional do Cema no ensino de Geografia, articulado às transformações nacionais e locais, no período entre 1964 e 1982. Como objetivos específicos destacamos: identificar aspectos do projeto de desenvolvimento nacional adotado pelo regime militar e seus impactos no desenvolvimento de Francisco Beltrão e região; explicitar a relação entre desenvolvimento regional e escolarização, tendo como base, a experiência do Ginásio/Colégio Estadual Mário de Andrade entre 1964 e 1982; compreender as bases legais que serviam como referência para a organização do ensino de Geografia; e verificar no currículo escolar quais eram os conteúdos geográficos utilizados no Cema no período.

Para a análise das fontes, optamos pelo método do materialismo histórico-dialético, proposto por Marx e Engels, pois entendemos ser o método mais adequado e indicado para compreendermos como se desencadearam as relações entre o Cema e o desenvolvimento regional.

---

[1] Hermógenes Lazier foi o organizador da *Revista Francisco Beltrão Edição Histórica*, uma publicação encomendada pela prefeitura e financiada por vários empresários. Ela procurou apresentar as conquistas do município nos seus 25 anos de história.

Segundo Frasson (2019), o método do materialismo histórico-dialético permite uma leitura do espaço em sua totalidade. Nesse sentido, a análise dos dados empíricos foi feita a partir de determinantes históricos articulados segundo as categorias da totalidade, contradição e mediação. Para Marx (2008, p. 47):

> Na produção social da própria vida, os homens contraem relações determinadas, necessárias e independentes de sua vontade, relações de produções estas que correspondem a uma etapa determinada de desenvolvimento de suas forças produtivas materiais. A totalidade destas produções forma a estrutura econômica da sociedade, a base real sobre a qual se levanta uma superestrutura jurídica, e à qual correspondem formas sociais determinadas de consciência. O modo de produção da vida material condiciona o processo em geral da vida social político e espiritual.

Pela passagem fica evidente que, na produção social da vida, o homem estabelece relações determinadas, necessárias, formas voluntárias e involuntárias. A partir dessas relações se formam as infraestruturas econômicas sociais, educacionais etc. Assim, constrói-se uma superestrutura política, jurídica e ideológica que deve ser entendida como: as leis, o Estado, as artes, a religião, a moral. Na dialética entre a infraestrutura e a superestrutura é possível entender o caráter social e histórico do homem.

Pela categoria da totalidade, expressa por Marx, no Método da Economia Política, constatamos que o ponto de partida é o real, o concreto, implicando a concepção de realidade enquanto um todo. Esse todo é composto das partes que se encontram em um processo dinâmico de estruturação, articulam o todo e as partes, as partes e o todo e, entre as várias partes desse todo, em que se busca um novo conhecimento, uma nova compreensão da realidade.

A contradição é entendida como a base metodológica do movimento dialético da história. Então, para constatar o real concreto a partir da dialética é indispensável desvelar as contradições existentes na sociedade. Dentro dessa proposta metodológica, é fundamental articular as contradições que envolvem o todo, síntese de múltiplas determinações que acontecem a partir da categoria mediação. A mediação ajuda a compreender e articular entre o todo e as partes, as partes e o todo.

A análise aqui proposta tem o intuito de desvelar o real das múltiplas determinações de totalidade. Isso quer dizer que seria um equívoco trabalhar os fenômenos referentes ao papel histórico e geográfico para a educação regional isolados da realidade que cerca o objeto investigado.

Tendo presente essas questões, a investigação sobre o Ginásio/Colégio Estadual Mário de Andrade se desenvolveu a partir da seguinte metodologia: a) levantamento e análise de fontes primárias[2] como: leis, decretos, documentos, resoluções, dados geográficos e populacionais, atas do colégio, jornais, revistas da época, entre outros; b) levantamento e análise de fontes bibliográficas (artigos, livros, teses, dissertações, trabalhos em eventos que versavam sobre a temática e, principalmente os estudos que analisam a região sudoeste do Paraná; e c) entrevistas[3] com ex-diretores, alunos, professores, funcionários, pessoas da sociedade que passaram pela instituição com o objetivo de compreender o papel do Cema para a educação regional.

O estudo se apoiou na técnica proposta por Santos (2005, p. 49), a saber, a História e Geografia ajudando "[...] a historicizar, isto é, a considerar o espaço como fenômeno histórico e a geografizar, isto é, a produzir uma geografia como ciência histórica", elucida a existência de uma parceria de mútua ajuda entre essas duas ciências irmãs. No decorrer da história das ciências humanas, a ciência geográfica e a histórica estão próximas e auxiliam o processo de desenvolvimentos das contradições presentes nas transformações sociais.

Durante a pesquisa, dentro do possível, utilizamos algumas entrevistas com o objetivo de perceber como o colégio cumpriu com seu papel histórico e geográfico. As entrevistas seguiram a metodologia da história oral. Por História Oral, segundo Freitas (2002, p. 18), compreende-se "[...] um método de pesquisa que utiliza a técnica da entrevista e outros procedimentos articulados entre si, no registro de narrativas da experiência humana".

Quem entrevistar? Como entrevistar? De acordo com Ferreira e Amado (2006, p. 233)

---

[2] De acordo com Castanha (2013, p. 31), fonte primária ou direta "é um escrito ou relato de alguma testemunha presencial de um fato, de um protagonista, de uma documentação" que emana "diretamente do ato em estudo". Já a fonte secundária ou indireta é [...] uma fonte mediada ou mediatizada, uma informação baseada, por sua vez, em outras informações não testemunhais. Em suma, trata-se de um critério classificador aplicável aos escritos em forma de crônicas, de memória, de reportagem".

[3] Adotamos também como técnica de trabalho, a entrevista semiestruturada, que para Trivinos (1992, p. 147): "é um dos principais meios que tem o investigador para realizar a coleta de dados". Já expressamos que, no enfoque qualitativo, podemos usar a entrevista estruturada, ou fechada, a semiestruturada e a entrevista livre ou aberta. Estas duas últimas são importantes para esta classe de enfoque. Não obstante isso, apesar de reconhecer o valor da entrevista aberta ou livre, que não deve ser confundida com a entrevista não diretiva, privilegiamos a entrevista semiestruturada porque ela, ao mesmo tempo que valoriza a presença do investigador, oferece todas as perspectivas possíveis para que o informante alcance a liberdade e a espontaneidade necessárias, enriquecendo a investigação (Trivinos, 1992).

> [...] deve-se dar prioridade as entrevistas com pessoas de uma certa idade. Mas nesse caso, é preciso levar em conta o cansaço da testemunha, limitar o tempo das entrevistas e evitar perguntas excessivamente meticulosas do ponto de vista cronológico.

A essência de uma boa entrevista consiste, de acordo com Freitas (2002, p. 96):

> [...] em saber ouvir as pessoas [...] nunca devemos interromper uma fala e nunca devemos demonstrar desinteresse pela fala [...] aliás, saber ouvir as pessoas é uma característica do pesquisador que utiliza a história oral como instrumento em sua pesquisa.

Outra fonte importante para a pesquisa foram as imagens/fotografias. Elas também revelam memórias locais, protagonizam fatos ou acontecimentos referentes ao objeto em estudo. Para Frasson (2019, p. 27),

> [...] ao associar o recurso da fotografia à Geografia, tem-se em mente que a fotografia é apenas um indício da realidade, pois que ela se insere na realidade analisada e se constitui em documento visual do assunto selecionado no espaço e no tempo.

Todavia, para a autora, a fotografia representa muito mais, pois supera o caráter ilustrativo e constitui-se como instrumento de análise, tornando-se mediação para a construção do conhecimento científico.

Feitos esses breves esclarecimentos sobre objeto, fontes, referências e metodologias, destacamos a organização do texto. O texto está organizado em três capítulos. O primeiro, intitulado "O governo militar e seus impactos no desenvolvimento nacional e local", está dividido em duas partes. Na primeira analisamos alguns aspectos do regime militar, em que buscamos evidenciar as realizações nas áreas de infraestrutura, a criação das empresas estatais no país e as ações realizadas em prol das políticas agrícolas para o território nacional, tendo em vista o "desenvolvimento nacional e local"; na segunda explicitamos o processo de ocupação e desenvolvimento da região sudoeste, destacando as motivações para a migração e as ações do governo federal que impactaram a região, possibilitando o nascimento de vários municípios, entre eles o de Francisco Beltrão.

No segundo capítulo, intitulado "Francisco Beltrão no contexto do sudoeste do Paraná", analisamos as questões relacionadas ao desenvolvimento do município de Francisco Beltrão. Partimos da sua emancipação até o recorte final da pesquisa, destacando algumas ações realizadas pelos respectivos prefeitos em seus mandatos, dentro do recorte. Destacamos também o crescimento urbano gerado pela chegada de órgãos públicos, empresas, cooperativas, entidades focadas no desenvolvimento da agricultura e da segurança pública. Ainda, tratamos do surgimento do Ginásio Estadual Francisco Beltrão e seu processo de transição para o Cema, até sua consolidação no início da década de1980.

O terceiro capítulo, intitulado o "Colégio Estadual Mário de Andrade e o ensino de Geografia", está dividido em três partes. Na primeira, tratamos das questões relacionadas às bases legais para o ensino de Geografia. Na segunda parte, fizemos uma análise sobre as questões que ocasionaram a mudança de foco do ensino, passando dos aspectos mais ligados à geografia física para o ensino de uma geografia crítica. Na terceira parte, constatamos, mediante as entrevistas com professores, as dificuldades enfrentadas pelos docentes de Geografia quanto à escassez de material para ensinar, métodos adotados e as dificuldades para tornar as aulas mais práticas e atrativas, a criatividade foi o caminho alternativo.

Cientes das limitações desta investigação, convidamos o leitor a fazer o caminho anunciado até aqui e tirar suas próprias conclusões.

# CAPÍTULO I

# O GOVERNO MILITAR E SEUS IMPACTOS NO DESENVOLVIMENTO NACIONAL E LOCAL

Para entendermos as ações dos governos militares articuladas ao desenvolvimento local, precisamos fazer um recuo no tempo analisando algumas questões desse período. Para compreendermos as bases do processo de modernização do país no campo tanto da industrialização como da agricultura, precisamos considerar o governo Getúlio Vargas e seus sucessores. Foi a partir de Vargas que se consolidou um plano de desenvolvimento econômico nacional, com o investimento em obras de infraestrutura atrelado aos setores da indústria, de uma política agrícola que favoreceu, minimamente, aos pequenos agricultores no início, mas que possibilitou, na realidade, a constituição de um seguimento de grandes propriedades agrícolas. Foi no período Vargas que se articulou a política de colonização, denominada de "Marcha para o Oeste", a qual teve impacto direto no sudoeste do Paraná com a criação do Território Federal do Iguaçu (TFI) e da Colônia Agrícola Nacional General Osório (Cango).

Na década de 1960, quando os militares assumiram o poder, o Brasil e a região sudoeste já estavam em condições bem favoráveis para dar um salto no desenvolvimento econômico social e educacional nacional. Compreender as relações entre as ações nacionais e regionais visando ao desenvolvimento é o objetivo deste capítulo.

## 1.1 O projeto de desenvolvimento nacional implementado pelo governo militar

O presidente Getúlio Vargas foi quem lançou as bases para o processo de modernização do país por meio da industrialização, tendo como suporte o capital brasileiro. A década de 1940 foi decisiva nesse sentido. Em 1941, Vargas criou a Companhia Siderúrgica Nacional; em 1942, a Companhia Vale do Rio Doce; bem como deu início ao debate sobre a necessidade da criação de uma companhia para a produção de petróleo, que se constituiu na Petrobrás, criada em 1953. Em 1954, Vargas deu início ao processo de criação da Eletrobrás, mas ela só foi criada em 1962. A constituição das citadas empresas nacionais foi fundamental no processo de desenvolvimento do país. Para implantar a indústria automobilística, precisava-se das indústrias siderúrgicas para a produção da matéria-prima e combustíveis para absorver as demandas da frota nacional de automóveis. Segundo Campos e Miranda (2005, p. 540):

> [...] o governo manteve o crédito a setores empresariais e passou a investir fortemente em infraestrutura e energia, visando a acelerar a industrialização do país. Em 1953, criou a Petrobrás, empresa que deteria o monopólio do refino e da exploração de petróleo, fundamental, no entender dos nacionalistas, para a soberania do Brasil.

Mas para a agricultura, o que foi feito? No segundo mandato de Vargas (1951-1954), no que se refere à agricultura, houve a expansão da política de crédito para os produtores brasileiros. Foi no governo Vargas que se desencadeou a política de ocupação de fronteira, definida como "Marcha para o Oeste", política que levou à criação de territórios e colônias agrícolas em várias partes do país. O sudoeste do Paraná foi incluído nessa política com a criação do TFI e da Cango em 1943. Todavia, para assegurar o desenvolvimento do país, era preciso garantir investimentos em áreas básicas como infraestrutura e energia. Porém, com o suicídio de Vargas em 24 de agosto de 1954, o Brasil vivenciou uma grande crise política, e uma das consequências foi o fortalecimento do projeto do desenvolvimento efetuado pelo seu sucessor.

Juscelino Kubitschek governou o Brasil entre 1956 e 1961, foi dele o desafio de consolidar os elementos basilares que constituíram a infraestrutura, a fim de que o país pudesse se tornar industrializado e um dos grandes produtores de alimentos do mundo.

Com o olhar voltado ao desenvolvimento, transferiu a capital federal do Rio de Janeiro para a Região Centro-Oeste, com a construção de Brasília. Essa transferência foi uma forma pensada para dificultar as pressões populares com suas reivindicações. Além dessas ações, procurou articular setores que foram basilares na consolidação de projetos que geraram a modernização do país. De acordo com Ferreira (1997, p. 143):

> [...] o Plano de Metas foi um sucesso em vários campos. Milhares de quilômetros de estradas uniram o Brasil de norte a sul e de leste a oeste. Grandes hidrelétricas e refinarias ampliaram a capacidade de geração de energia. No setor industrial, os êxitos foram assombrosos. Foi no Governo de Juscelino que se implantou a indústria de bens de consumo duráveis. Até então, muitos eletrodomésticos, tais como geladeiras, rádios, enceradeiras, televisores, eram apenas montados no Brasil. As peças vinham todas de fora. Combinando a adoção de leis proibitivas de importação com estímulos econômicos aos empresários, o governo conseguiu que montadoras estrangeiras passassem a fabricar esses produtos aqui. O símbolo do enorme surto industrial desse período foi a criação da indústria automobilística. As fábricas europeias estavam preocupadas com a concorrência dos carros americanos na Europa. Para manter o seu nível de vendas, decidiram criar filiais no Brasil. Assim, para cá vieram a Volkswagen, a Simca e a Vemag.

Conforme o autor, constatamos que o Brasil naquela época se transformou em um canteiro de obras, pois ocorreu a construção de importantes rodovias pelo país a fora, entre elas citamos a Belém-Brasília, que viabilizou a abertura da indústria automobilística nacional. Concomitantemente, a construção das rodovias tornou-se fundamentais para a criação das fronteiras agrícolas articuladas pelo governo de Juscelino Kubitschek, que favoreceu, sobremaneira, os militares que governariam o país alguns anos depois.

Segundo Fausto (1995), Juscelino Kubitschek foi um líder identificado com sua ideologia desenvolvimentista: desenvolvimento autônomo, industrialização e democracia. Concretizou ideias baseadas naquilo que considerava básico em termos do desenvolvimento econômico e social. O progresso foi a característica central de seu governo. O "Plano de Metas" traçava a forma de se atingir 50 anos de desenvolvimento em cinco anos de governo. Basicamente, visava acelerar o processo de acumulação, aumentando a produtividade dos investimentos em atividades produtoras. "Ele abrangia 31 objetivos, distribuídos em seis grandes grupos: energia, transporte, alimentação, indústria de base, educação e a construção de Brasília, chamada de meta-síntese" (Fausto, 1995, p. 425).

Fausto (1995) enfatizou as características do presidente Juscelino Kubitschek, evidenciando um governo comprometido com investimentos em desenvolvimento e na industrialização do país. Juscelino Kubitschek tinha consciência de que, para o Brasil prosseguir rumo ao desenvolvimento e crescimento econômico, precisaria de altos investimentos do Estado em várias áreas. Nessa perspectiva, conforme Freitas (2008), em seu governo foram dados outros passos, como a criação da indústria da construção naval e aumentada de forma considerável a produção petrolífera. No seu governo teve início a construção das refinarias de Duque de Caxias no estado do Rio de Janeiro e as hidrelétricas de Três Maria e Furnas.

O início da década de 1960 foi marcada por constantes tentativas de golpe, tendo em vista a implantação do parlamentarismo[4] e a ascensão de líderes conservadores como Carlos Lacerda. Dois fatores relevantes marcaram a história política do Brasil: a instabilidade política e a crise econômica. Os presidentes Jânio Quadros (1961) e João Goulart (1961-1964) exerceram seus mandatos dentro de um contexto de intensos conflitos políticos e sociais. O primeiro não tinha habilidade política o suficiente para obter sustentação da classe política em suas iniciativas. O segundo, ao se aproximar dos trabalhadores e movimentos sociais, despertou a fúria da elite endinheirada, representada em parte pelos latifundiários do país e as empresas privadas nacionais e multinacionais, sendo deposto por meio de um golpe civil-militar.

Contudo, mesmo com mandatos breves, quais foram as contribuições deixadas por esses presidentes? Analisamos algumas das ações de Jânio Quadros e verificamos que uma delas teve impacto direto na região sudoeste do Paraná. Pelo Decreto n. 50.379 de 1961, desapropriou as terras da região, e pelo Decreto n. 50.494, também de 1961, determinou a urgência na desapropriação, visando à regularização das terras cedidas pela Cango durante o processo de colonização da região.

Essa medida teve impacto na região Sudoeste, pois recém havia iniciado seu processo de expansão da agricultura e a formação das cidades. Jânio Quadros tinha um olhar voltado aos problemas que atingiam diretamente as pessoas que viviam no campo. No início do seu mandato, articulou um grupo de estudo para estimular o desenvolvimento rural. Dos estudos realizados surgiu como estratégia a criação das unidades móveis de Crédito Rural, ligadas ao Banco do Brasil, que objetivou atender aos locais mais longínquos, para ofertar o crédito rural aos produtores rurais de pequeno

[4] João Goulart (Jango) foi empossado no Palácio do Planalto em 7 de setembro de 1961, 13 dias depois da renúncia de Jânio Quadros. Naquela altura, havia sido aprovada a emenda constitucional, que instalou o sistema parlamentarista no Brasil. Jango, segundo Fausto (1995), iniciou seu governo mediante ações restritas pelo sistema parlamentarista. O primeiro gabinete teve como chefe Tancredo Neves. Ele foi ministro da justiça de Getúlio em 1954. A forma de dirigir a nação no início foi de moderação dentro dos princípios democráticos e pela repulsa ao comunismo. No entanto, não precisou muito tempo para João Goulart levantar a questão dos poderes presidenciais. No início de 1963 teve um referendo popular (plebiscito) favorável ao presidencialismo, restituindo o poder do presidente a partir de 24 de janeiro de 1963. A volta do presidencialismo estimulou a luta pelo golpe civil-militar, que acabou ocorrendo em 31 de março de 1964.

porte, pois estes enfrentavam dificuldades para se deslocarem aos centros maiores onde já havia bancos.

Naquela época, a agência mais próxima era na cidade de Clevelândia. Segundo Freitas (2008, p. 38): "[...] a primeira tentativa de criar uma legislação própria para o crédito rural através de um grupo de trabalho criado pelo Memorando Presidencial nº. 38/61, de 3 de março de 1961". Ainda, conforme o mesmo autor, com as conclusões dos trabalhos desenvolvidos no grupo, Jânio Quadros assinou o Decreto n. 50.637, de 20 de maio de 1961, constituindo o Grupo Executivo de Crédito Rural (GECR), com as seguintes atribuições previstas no Decreto:

> [...] formular a política de crédito rural do País, estabelecendo as prioridades, as linhas de crédito e os zoneamentos dentro dos quais devem atuar os diversos órgãos executores; tomar todas as providências necessárias no sentido de coordenar o crédito rural e conseguir o seu entrosamento com os serviços de assistência técnica ao produtor; articular com os planos nacionais o crédito rural administrado por entidades públicas ou privadas de âmbito nacional, estadual ou municipal; sugerir critérios para a localização de agências bancárias ou cooperativas que visem a operar no crédito rural e medidas tendentes à ampliação da rede distribuidora desses créditos; recomendar aos órgãos que operam no crédito rural a adoção de normas de organização e métodos de trabalho compatíveis com a política de crédito traçada pelo governo; estimular o treinamento de pessoal para a execução dos programas de crédito rural em articulação com as entidades atuantes nesses programas; promover o estudo da legislação em que se baseia o crédito rural e propor as modificações cabíveis, no sentido de assegurar sua permanente adaptação às condições do meio e às exigências dos planos de financiamento do setor agrícola; administrar o Fundo de Crédito Rural, quando criado, propondo medidas para sua formação e incremento, assim como estabelecer os critérios de distribuição e controle de sua aplicação (Brasil, 1961).

O decreto foi um passo decisivo para a constituição de uma política agrícola nacional e criou as condições para viabilizar a aplicação de uma política agrícola institucionalizada para atender às demandas daquele período. O texto também apresentou ações para além do crédito rural, atingindo assistência técnica, crédito e treinamento do pessoal envolvido com a administração dos programas oficiais de financiamento à agricultura.

Medidas dessa natureza fortaleceram o sistema bancário público e privado, o que ajudou na expansão das agências bancárias pelo país.

Em Francisco Beltrão, havia somente duas agências bancárias na época, o Banestado e o Bamerindus. Como a agricultura estava em processo de expansão, os bancos que aqui estavam ofertavam poucas linhas de créditos para a agricultura. Por essa razão, os agricultores, empresários e autoridades públicas lutaram pela instalação do Banco do Brasil no município, fato que ocorreu em 19 de abril de 1965.

O governo de Jânio se encerrou no final de agosto de 1961, sendo substituído por João Goulart. Algumas medidas do presidente João Goulart que contribuíram para a Política Agrícola foram: a reorganização do Ministério da Agricultura, a criação da Companhia Brasileira de Alimentos e a Superintendência Nacional de Abastecimento, que se constituíram na Companhia Brasileira de Armazenamento (Cibrazem). Uma medida que impactou diretamente o sudoeste do Paraná foi a criação do Grupo Executivo para as Terras do Sudoeste (GETSOP), que regularizou os lotes rurais e urbanos da região.

Os militares, quando assumiram em 1964, tinham em sua "bagagem" o discurso pronto da moralização da nação, de organizar a casa que estava "desarrumada". Na época já havia uma certa infraestrutura, a nível de estradas e de empresas estatais, já constituída pelos governos anteriores. Citamos como exemplo a Companhia Vale do Rio Doce, a Petrobrás, o Banco do Brasil, a Siderúrgica Nacional de Volta Redonda, a Fábrica Nacional de Motores, entre outros órgãos constituídos.

Com toda essa estrutura disponível e uma assessoria jurídica, não foi difícil para os militares executarem o plano proposto de desenvolvimento. Um dos grandes desafios para os militares consistia em solucionar a problemática do campo. Como demonstrou Freitas (2008), no período houve a aprovação do Estatuto da Terra, a regulamentação do plano rural, a lei de Mercado de Capitais, o Código Tributário Nacional, e a constituição do Banco Central com seus mecanismos para o controle das finanças públicas.

O governo federal, sob o comando dos militares, objetivou dar continuidade ao processo de desenvolvimento do Brasil. Para tanto, era necessária uma política agrícola nacional consistente para que a ocupação nos espaços geográficos com potencial agrícola fosse bem sucedida. Os novos comandantes da nação articularam um plano de desenvolvimento agrícola com assessoria dos Estados Unidos para que alcançasse as regiões de norte a sul, de leste a oeste do Brasil. O projeto consistia em aumentar a produção de grãos para ampliar as exportações do Brasil.

O plano agrícola não poderia dar errado, pois demonstraria a incompetência de quem deveria cuidar da segurança do país e não de sua administração. Conforme Molina e Sanfelice (2018, p. 3):

> Após o golpe de 1º de abril de 1964, o Brasil passou a ser gestado por uma aliança entre os setores civis atrelados ao capital internacional e os setores golpistas das forças armadas, que estava sob assessoramento de empresários e do governo dos Estados Unidos. [...] fomentando uma série de golpes de Estado e governos ditatoriais, impactando o Brasil, a Guatemala, o Paraguai, a Argentina, o Uruguai, o Equador, o Peru, a Bolívia, o Chile, entre outros países.

Assim, abriram-se as portas para o investimento estadunidense nas políticas públicas brasileira, tendo como argumento "proteger o mundo e a democracia" do comunismo:

> [...] o imperialismo interveio no financiamento, na comercialização da produção e no transporte dos produtos, legitimando-se pela ideologia, por intermédio de agências públicas ou privadas. [...] um dos campos de atuação dessa doutrinação foram as instituições escolares. No *campus* USP de Piracicaba, destacou-se a interferência direta da Agência dos Estados Unidos para o Desenvolvimento Internacional (*United States Agency for International Development* - USAID) por meio de um convênio, assinado em abril de 1963 e colocado em prática em 1964, entre a *Ohio State University* (OSU) e a ESALQ/USP (especialmente entre os anos de 1964 e 1973). O item II do acordo binacional estabelecia: "adaptar o ensino, a pesquisa e a educação do lavrador na ESALQ, ao padrão do sistema norte-americano de *Land Grant Colleges*" (Molina; Sanfelice, 2018, p. 3, grifos no original).

Os autores apresentam indícios das interferências estadunidense na política agrícola brasileira em quatro aspectos: no financiamento, na comercialização, no transporte da produção e na formação dos profissionais que atuavam na produção agrícola.

Destacamos que o ensino não se desenvolveu a partir da cultura local, mas, tendo como referência, o modelo pronto. Uma espécie de "pacote educacional agrícola" do sistema norte-americano a ser implantado como paradigma, modelo ideal, como sistema de produção de sucesso que os produtores brasileiros deveriam incorporar para serem bem sucedidos na agricultura. Essa interferência se deu também na educação geral a partir de convênios entre o Ministério de Educação e Cultura (MEC) e United States Agency for International Development (Usaid).

Os convênios objetivavam implantar o modelo estadunidense nas universidades brasileiras por meio de uma profunda reforma universitária. Além disso, de acordo com Menezes (2001), o acordo tinha a intenção de contratar assessores norte-americanos para mediar as reformas da educação pública, no ensino de primeiro e segundo grau, que acabaram ocorrendo no início da década de 1970.

Como funcionava nos Estados Unidos o sistema de Land Grant Colleges? Segundo Molina e Sanfelice (2018, p. 3):

> [...] o sistema de *Land Grant Colleges* pensado para as escolas agrícolas é originário da reforma agrária estadunidense na transição dos séculos XIX e XX. Naquela época, o plano objetivou fomentar um sistema integrado e federal de escolas agrícolas que atendesse aos interesses dos diferentes tipos de produtores rurais, aperfeiçoando especialmente a produção familiar por meio da cooperação entre as diversas unidades científicas e educativas dos municípios, montando um sistema federal de colaboração para a disseminação do manejo racional das primeiras máquinas agrícolas, dos insumos e a administração empresarial das fazendas.

Ficou evidente que esse modelo de produção "profissional" objetivava atender aos interesses da classe empresarial do país, controlar o uso de maquinários e sementes evitando o desperdício, o que não era ruim. A partir do tripé entre as unidades científicas, educativas e produtivas, praticava-se um modelo empresarial de produção para a administração racional das fazendas.

A Escola Superior Agrícola Luiz de Queiroz (Esalq), da Universidade de São Paulo (USP) do campus Piracicaba, foi criada em 1881, mas sua inauguração só aconteceu em 1901. A Esalq foi o epicentro, enquanto escola de formação agrícola selecionada no período dos governos militares. Ela desempenhou um papel relevante no desenvolvimento agrícola nacional, desde a formação de professores ao investimento em pesquisas, objetivando fomentar as políticas agrárias no recorte proposto nessa investigação. Ressaltamos que isso não se deu de maneira isolada, pois naquele período ocorreu a criação do modelo de pós-graduação no país.

Essa instituição educativa, conforme Molina e Sanfelice (2018), foi selecionada em 2015 como a quinta melhor escola de Ciências Agrícola do mundo. Trata-se de uma escola orgânica da área rural brasileira que foi fundamental no desenvolvimento das políticas agrárias dos governos militares, consolidando as bases em benefício do agronegócio brasileiro.

A Esalq foi indispensável na propaganda da política agrária do empresariado e dos militares a partir do golpe de 1964. Molina e Sanfelice (2018) demonstraram que esse período foi marcante devido à acentuada modernização conservadora da agricultura brasileira modificada pelo aparato das inovadas tecnologias desenvolvidas nos laboratórios e salas daquela instituição de ensino do estado de São Paulo.

O Brasil mantinha, concomitantemente, estruturas arcaicas de produção, a exemplo da estrutura agrária latifundiária, que explorou de forma extrema os trabalhadores de um passado não muito distante. A parceria entre a ESALQ/USP e a Universidade de Ohio evidenciou que os norte-americanos se esforçaram para conscientizar os produtores rurais brasileiros de que a ideia era aperfeiçoar a forma de produção por meio de um projeto coletivo. Para que isso acontecesse, não bastaria a boa vontade, mas um programa de educação voltado especificamente a pesquisas para também solucionar problemas que os agricultores brasileiros encontravam para produzir mais alimentos e, com isso, aumentarem seu lucro.

No início da década de 1970, foram realizados grandes investimentos e as universidades cooperaram "[...] na implantação do projeto político-econômico de modernização conservadora, ou seja, introdução de tecnologias avançadas e a conservação da miséria brasileira" (Molina; Sanfelice, 2018, p. 6).

A experiência dos esalqueanos da USP de Piracicaba impactou o aumento da produção na agricultura brasileira a partir de 1971. Molina e Sanfelice (2018) apontaram que as sementes do milho modificadas geneticamente foram utilizadas em diferentes espaços de regiões geográficas brasileira, como os estados de Mato Grosso, Goiás, Pará, Pernambuco e Minas Gerais.

Contraditoriamente, apesar desse aumento na produção de alimentos, a aquisição deles tornou-se mais difícil, pois os preços subiram em vez de baixarem. As descobertas científicas auxiliaram os empresários do agronegócio na exportação de produtos amparados pelas novas tecnologias da área agrícola.

As pesquisas das universidades criaram as condições para o desenvolvimento de um projeto relevante no campo da genética, impactando diretamente o aumento da produção, que impulsionou o mercado das sementes aperfeiçoadas, nacional e internacionalmente, possibilitando o crescimento econômico brasileiro. No entanto, os estudiosos se depararam com outro problema, como que os pequenos produtores poderiam participar das novidades desse novo processo de produção? Ou seja, as pesquisas de alguma forma precisariam favorecer uma enorme quantidade de pequenos agricultores. Para contornar essa situação, pesquisadores da Esalq desenvolveram hortaliças geneticamente modificadas. Mediante parcerias, convênios de cooperação técnica e científica entre cooperativas agrícolas de São Paulo, Rio Grande do Sul e Nordeste, foram beneficiadas milhares de famílias produtoras e cooperadas. A instituição, além da distribuição de sementes aperfeiçoadas aos produtores, concomitantemente, ofertou via corpo discente e docente assistência técnica de infraestrutura e orientação aos agricultores para a utilização de técnicas nos espaços geográficos rurais do Brasil.

Embora durante o período dos governos militares podemos constatar que aconteceram avanços significativos que beneficiaram a área agrícola do país, o agronegócio foi quem mais obteve vantagens a partir de um modelo agrícola predatório. O governo se esforçava em demonstrar que o Brasil seguia no caminho certo do "desenvolvimento", mas sem as reformas nas áreas da educação, saúde e trabalho almejadas pelo povo.

Os governos militares caracterizaram-se por um regime de ditadura, por isso, seria um equívoco fazer "vista grossa" para a constituição do cenário de repressões e perseguições que se instalou em todo o país diante das manifestações e reivindicações por direitos sociais, a saber: reforma agrária, saúde, educação, moradia e emprego entre os anos de 1964 e 1985.

Todavia, os militares contavam com o apoio de diversos setores sociais, incluindo parte expressiva dos católicos, por exemplo, Dom Eugênio Sales, cardeal da Arquidiocese do Rio de Janeiro, da ala conservadora da Igreja tradicional, alinhado das elites brasileiras e da Igreja de Roma. Em posição diferente, se encontravam Dom Elder Câmara, Dom Pedro Casaldáliga e Dom Paulo Evaristo Arns[5], que assumiram as proposições do Concílio Vaticano II, estando com olhar voltado para os movimentos populares, que se concentravam nas periferias das grandes capitais, principalmente.

---

[5] Dom Paulo Evaristo Arns nasceu em Forquilhinha, Santa Catarina, no dia 14 de setembro de 1921. Foi um frade franciscano, arcebispo emérito de São Paulo e cardeal brasileiro. Fez doutorado na Sorbone, França. O cardeal foi um crítico rigoroso da ditadura militar, o que culminou na escrita do livro Brasil *Nunca mais*, publicado pela Editora Vozes. Defendeu os Direitos Humanos. Faleceu no dia 21 de dezembro de 2016.

No cenário mundial, aquele momento histórico evidenciava disputas no campo das ideologias, bem como da política entre dois movimentos distintos: o capitalismo e o comunismo. O movimento comunista trazia no seu bojo o "ateísmo", em que a religião era vista como instrumento de alienação social, nas palavras de Marx, ópio do povo[6]. Foi no Século XX, mais precisamente a partir do Concílio Vaticano II, que a Igreja começou a compreender a sua função social fazendo a opção preferencial pelos pobres e abrindo as portas para a participação dos leigos.

A história demonstrou que no Brasil havia um movimento forte de leigos progressistas que desempenhavam um papel importante na resistência ao regime militar. Os leigos viam com simpatia as fundamentais reformas de base propostas pelas lideranças de movimentos e partidos de esquerda. Por não conseguirem articular-se a partir da Conferência Nacional dos Bispos do Brasil (CNBB), como forma de resistência, ou de descontentamento, os bispos das alas progressistas da Igreja Católica se organizavam por meio do seu clero[7], que mobilizavam suas comunidades, nas paróquias nas periferias e nos grandes centros, com passeatas, demonstrando, assim, um posicionamento divergente, ao reivindicar reforma agrária, trabalho, saúde e educação de qualidade para todos.

Ainda, concomitante a esse clima tenso nas décadas de 1960, 1970 e 1980, estavam articuladas no Brasil organizações na Instituição Igreja Católica, da ala progressista, que desenvolviam atividades voltadas à justiça social como: a Juventude Agrária Católica (JAC), a Juventude Operária Católica (JOC), a Juventude Estudantil Católica (JEC), a Juventude Universitária Católica (JUC), as Comunidades Eclesiais de Base (CEBs) e o Movimento Estudantil Brasileiro (MEB), as quais apostavam nas ideias progressistas da Igreja Católica instituídas pela Concílio Vaticano II. Foram os membros desses segmentos os mais perseguidos pela ditadura militar-civil.

Já a ala conservadora permanecia voltada aos rituais litúrgicos internos das Igrejas, mantendo-se indiferente aos problemas sociais que a população vivenciava. Esse grupo resistiu aos princípios/diretrizes do Vaticano II, em fazer à opção preferencial pelos mais pobres, visando garantir seus direitos sociais essenciais, que eram negados por um sistema ditatorial, controlador e repressor que não oferecia o mínimo necessário à maioria da população brasileira.

---

[6] Essa afirmação de Marx explicitou o contexto do catolicismo cristão vivido na Alemanha do século XIX, a saber: indiferente aos problemas sociais naquele momento histórico. Naquele tempo, valorizava-se o culto como sendo o momento mais sagrado, e dentro de uma escala de valores, as pessoas estariam em segundo plano.

[7] O clero é constituído pelos bispos, padres e diáconos de uma diocese.

Além do descaso com os problemas sociais, a ditadura combateu duramente seus críticos. Conforme Arns (1998, p. 85):

> [...] a repressão esteve concentrada em duas fases: a primeira entre 1964 e 1966, coincidindo com o governo Castelo Branco, quando somam-se 2.127 nomes de cidadãos processados" [...] a segunda fase, corresponde quase por completo ao mandato de Garrastazu Médici: registraram-se 4.460 denunciados, entre 1969 a 1974, na avalanche respectiva que se seguiu à decretação do Ato Institucional nº 5, de 13 de dezembro de 1968.

O autor evidencia que os militares utilizavam a tortura para intimidar a população e alcançar seus objetivos. Atuavam de forma desumana, como resposta àqueles que clamavam por direitos sociais e que poderiam colocar em risco o sistema ditatorial vigente no país, mascarado com o slogan "Segurança Nacional".

A imagem que segue apresenta o cardeal Dom Paulo Evaristo Arns entre as autoridades, discutindo sobre a situação do desaparecimento de pais, mães de famílias e jovens durante o Regime Militar.

Figura 1 – Dom Paulo Evaristo Arns em reunião sobre os desaparecidos

Fonte: Caldana (2016)

Diante de tantos desaparecimentos e assassinatos de pessoas influentes da sociedade, como jornalistas, radialistas, lideranças políticas, professores, estudantes, religiosos, leigos que articulavam as atividades de resistência ao regime militar, o cardeal Arns mobilizou várias vezes lideranças da Sociedade Civil Organizada para cobrar do regime militar informações sobre os que desapareciam misteriosamente.

O golpe civil-militar de abril de 1964 teve como finalidade o desmantelamento dos projetos nacionais de desenvolvimento, proposto pelo governo de João Goulart, herdeiro do nacionalismo de Vargas, visto que em seus projetos havia propostas de reformas de bases com o intuito de combater as desigualdades sociais. As reformas demonstravam sinais de esperança para as classes mais pobres e isso não agradava as elites, que se uniram aos militares para derrubar o governo de João Goulart.

Segundo Ferreira (2006), propostas de reformas do Governo Goulart poderiam causar fortes impactos financeiros na classe conservadora do país, pois elas afetavam as famílias/grupos endinheiradas, proprietárias e controladoras da maior parte das riquezas do país. A reforma bancária e fiscal afetava os mais ricos, pois impunha o pagamento de mais impostos.

Ferreira (2006) elucida também a proposta para a reforma urbana, pela qual João Goulart propunha desapropriar imóveis urbanos que eram de interesse social, afetando com isso muitos proprietários de áreas urbanas ociosas. Também citou a proposta de reforma agrária. Caso fosse implementada, afetaria as famílias poderosas e latifundiárias, que precisariam, por lei, dividir sua propriedade com aqueles que não tinham onde e como plantarem. Ou seja, estava prevista a desapropriação de terras para favorecer aos que não tinham. O Estado teria um protagonismo importante controlando a entrada de investimentos estrangeiros no país. Para que o conjunto de reformas se concretizassem, o governo enviou uma proposta de emenda constitucional ao Congresso, que foi rejeitada pela maioria da classe política conservadora. A reação conservadora foi além, pois se uniu aos militares para destituir o governo eleito, mediante um golpe civil-militar.

Segundo Arns (1998), o governo militar promoveu a concentração de renda desvalorização da economia nacional implicando

> [...] na abertura de todas as portas para o capital estrangeiro: estímulo creditício e fiscal para implantação de multinacionais no Brasil, facilitação da remessa de lucros e vistas grossas diante de fraudes para burlar os controles legais, permissão para compra de terras por grupos estrangeiros, e endividamento externo (Arns, 1998, p. 60).

Ou seja, foi articulado um modelo de concentração de capital em que, para funcionar, as políticas públicas foram alteradas, nas mais diferentes áreas, partindo de políticas salariais, perpassando pela política econômica e culminando nas políticas fundiárias a nível nacional, beneficiando a acumulação de terras, inclusive para estrangeiros.

No que se refere ao desmantelamento das políticas nacionais, fica a impressão de que foi de forma proposital. Conforme demonstrado por Arns (1998), o governo ofereceu possibilidades para o capital nacional e estrangeiro, mediante isenções fiscais, para atrair as multinacionais para o solo brasileiro. O autor evidencia inclusive possíveis fraudes que aconteciam para burlar os controles legais de terras por grupos de estrangeiros, provocando no país o endividamento externo da nação brasileira.

Diante disso, podemos perceber a imposição de um modelo econômico instalado no país com fins de favorecimento ao capital e a investimentos nacionais e estrangeiros.

Segundo Arns (1998, p. 60):

> A política de salários introduzida procurava, acima de tudo, propiciar condições atraentes para os investidores estrangeiros e rentabilidade para o grande capital nacional. O achatamento salarial observado nos anos do Regime Militar não teve precedentes da história do país e funcionou como viga-mestra do crescimento capitalista vivido nos anos do passageiro "Milagre brasileiro". Esse arrocho foi, ao mesmo tempo, o principal responsável pela forte deterioração das condições de vida do povo brasileiro: fome, favelas, enfermidades, marginalidade, avançaram em números expressivos.

A política referente aos salários implantadas pelo governo militar tinha como pano de fundo o favorecimento das grandes corporações do capital nacional e internacional. O congelamento das políticas salariais funcionou como a "mola mestra" para o crescimento da burguesia tanto nacional como internacional.

A maioria da população brasileira colheu como consequência das políticas instaladas mais pobreza, misérias, aumento das favelas, salários baixíssimos, provocando uma deterioração generalizada nas classes menos favorecidas da sociedade brasileira. De acordo com Arns (1998, p. 60-61):

> Para a aplicação desse modelo econômico, foi necessário alterar a estrutura jurídica do país, reforçar o aparato de repressão e controle, modificar radicalmente o sistema de relação entre Executivo, Legislativo e Judiciário. Em outras palavras: foi necessário montar um Estado cada vez mais forte, apesar de se manterem alguns disfarces da normalidade democrática. No momento mesmo da deposição de Goulart, procurou-se apresentar a sucessão não como o que ela foi de fato — a derrubada de um mandatário eleito pelo povo e sua substituição por um general indicado pelas Forças Armadas — e sim como uma "eleição indireta", levada a cabo pelo Legislativo. O Ato Institucional de 9 de abril, que deveria ser único e acabou sendo o primeiro de uma série, editado seis dias antes da posse do general Castello Branco, deixou bem claro: "A Revolução vitoriosa, como o Poder Constituinte, se legitima por si mesma". Quando se encerrou, a 11 de junho de 1964, o prazo que o primeiro Ato havia estabelecido para as cassações, o balanço inicial foi de 378 atingidos: três ex-presidentes da República (Juscelino Kubitschek, (Jânio Quadros e João Goulart); seis governadores de Estado; dois senadores; 63 deputados federais e mais de três centenas de deputados estaduais e vereadores. Foram reformados compulsoriamente 77 oficiais do Exército, 14 da Marinha e 31 da Aeronáutica. Aproximadamente dez mil funcionários públicos foram demitidos e abriu-se cinco mil investigações, atingindo mais de 40 mil pessoas. O Castello Branco criou a Comissão Geral de Investigações (CGI) — para coordenar as atividades dos inquéritos policiais militares, que começavam a ser instaurados em todo o país. Foi implantado, em junho, o Serviço Nacional de Informações, cujo poder misterioso cresceria sem interrupção nos anos seguintes.

O autor evidencia que tal modelo econômico e político imposto e não proposto foi indispensável à modificação da estrutura jurídica vigente no país. Assim, o diálogo entre Executivo, Legislativo e Judiciário não era mais o mesmo. O texto demonstra que havia no fundo um disfarce de democracia. Uma mistura de democracia com ditadura, o que tínhamos na verdade era uma "democradura".

O regime militar seguiu implantando serviços de espionagem, como o Serviço Nacional de Informações (SNI), com o objetivo de controlar cada vez mais a população para poder governar a seu modo. Isto é, era um sistema de governo linha dura, sem diálogo e a partir de interesses de uma minoria da classe empresarial representada pelo capital nacional e interesses estrangeiros.

O regime militar não podia se sustentar somente com repressão, era preciso fazer investimentos, buscando modernizar o país, por isso investimentos foram feitos em grandes obras, sendo uma delas a usina de Itaipu, que teve impacto direto na região. Segundo Frasson (2019, p. 48), a execução do projeto obteve êxito depois de inúmeros debates que geraram muitos questionamentos e negociações, assim,

> [...] Brasil, Bolívia, Uruguai, Argentina e Paraguai, países platinos, assinaram em 1969 o tratado da Bacia do Prata. Esse tratado institucionalizou a exploração integrada, racional e harmônica do potencial hidráulico desses rios.

A autora evidenciou que somente após esse tratado foi que o Brasil e o Paraguai formalizaram a construção de Itaipu, que iniciou as suas obras em 1974. Depois de dez anos do início da execução do projeto, a primeira unidade geradora passou a produzir energia:

Figura 2 – Usina Hidrelétrica de Itaipu, 1984

Fonte: Frasson (2019, p. 46)

Entre as décadas de 1960 e 1970, vários financiamentos foram direcionados às pesquisas para a agricultura com diversos enfoques, inclusive para a utilização da energia nuclear. Dentro do planejamento militar, além da construção de uma bomba atômica, investiu-se em pesquisas para a utilização de radiação na agricultura. Segundo Molina e Sanfelice (2018, p. 9), os projetos dessa natureza que se desenvolveram durante a ditadura foram direcionados "[...] no fomento da agroindústria, com experimentos com a soja café, trigo, cana de açúcar e eucalipto". Os avanços conquistados especialmente nas culturas de soja, trigo e milho foram fundamentais para potencializar o avanço da agricultura na região sudoeste do Paraná.

Em meados da década de 1970 com a crise do petróleo, o regime militar mostrou incapacidade para governar, por isso deu início ao processo de abertura política, de forma lenta e gradual. Nesse sentido, foram liberadas as eleições para deputados estaduais e federais. A partir de 1979, o Brasil passou a ser governado por João Batista Figueiredo. Durante seu mandato, foi aprovada a lei da anistia política e as eleições para governadores, que ocorreram em 1982.

Segundo Freitas (2008, p. 81):

> A crise atingiu o seu ápice somente no governo do presidente Sarney, quando o produtor rural foi muito penalizado. Na ocasião, as suas dívidas, além de serem acrescidas de juros, eram atualizadas pela correção monetária, índice que superava o de valorização dos produtos agropecuários, que eram contidos pelas autoridades do governo como forma de evitar a inflação. Naquele período houve também muita escassez de recursos para a atividade rural.

Tal situação afetou diretamente a vida dos agricultores, fazendo com que muitos deles abandonassem a vida no campo para buscar novas oportunidades de trabalho nas cidades. Isso fica evidente quando analisamos os censos demográficos de 1970, 1980 e 1990, os quais mostram um acelerado processo de urbanização do país e da região Sudoeste como um todo.

Segundo Seino, Algarve e Gobbo (2013), o lento processo de abertura prosseguiu durante o mandato do governo de João Batista Figueiredo (1979-1985), todavia essa abertura não se configurou como sendo um movimento revolucionário de libertação nacional frente ao colonialismo. O processo foi articulado pelas classes dominantes, preservando monopólios da terra, do capital e do poder. Então, podemos questionar: qual abertura? Que democratização foi essa?

Podemos citar que ocorreram tímidos avanços institucionais em que a sociedade civil começou a participar de forma mais direta. Entre meados das décadas de 1970 e 1980, a sociedade civil se comportou como protagonista social no processo de democratização lutando pela anistia política, por eleições diretas, por educação, entre outros.

Fato é que as grandes articulações no plano político-social surgiram nos espaços universitários nas denominadas lutas estudantis de jovens esperançosos em dias melhores. As universidades desempenharam um papel fundamental enquanto espaços essenciais de reflexões e debates mediante pautas que demonstravam as injustiças sociais. Esses espaços conduziram e despertaram parte da juventude brasileira para a percepção de que um outro país seria possível. Naquele cenário, podemos afirmar que as tradicionais estruturas do sistema capitalista, que sustentavam aquele modelo de sociedade, eram contraditórias, uma vez que fomentavam e geravam desigualdades sociais. Essas contradições possibilitaram que surgissem outros agentes que se destacaram na luta pela democratização, como os movimentos sindicais com a articulação de greves e a CNBB mediante a promoção das campanhas da fraternidade, que anualmente colocavam em discussão problemáticas vivenciadas na sociedade.

De acordo com Seino, Algarve e Gobbo (2013), a articulação, seguida de pressão realizada pelos movimentos sociais, foi crucial para que as mudanças acontecessem no país. Isso não significou uma abertura política instantânea nos parâmetros da democracia. No entanto, alguns sinais de flexibilização rumo à democratização ficaram evidentes. A primeira conquista foi o direito de eleger governadores em 1982. Em seguida, inúmeras lideranças da sociedade e toda população se empenharam entre os anos de 1983 e 1984 na campanha das "Diretas Já"[8] para a escolha do presidente da república.

## 1.2 O processo de ocupação na região sudoeste do Paraná

Antes de entrarmos na análise sobre o processo de ocupação da região sudoeste do Paraná, entendemos ser importante tratar brevemente do conceito de região. Segundo Lencioni (2001), podemos atribuir aos gregos a primeira regionalização concebida com algum método. Todavia, foi com Estrabão (63 a.C. - 25 d.C.) que tivemos o marco inaugural da geografia regional. Conforme Haracenko (2002, p. 214):

[8] As "Diretas Já" foram um movimento político de cunho popular que objetivou a retomada das eleições diretas para voltar a eleger, mediante o voto popular, o presidente da República no Brasil. O movimento iniciou em maio de 1983 e foi até 1984. Mediante comícios e passeatas, esse movimento levou às ruas e avenidas do país milhões de pessoas. Embora esse movimento tenha sido significativo, a emenda das Diretas Já não foi aprovada, a eleição ainda foi indireta, ou seja, foram os deputados que elegeram Tancredo Neves e José Sarney. As eleições diretas só aconteceram em 1989, com a eleição de Fernando Collor.

> [...] o Império Romano estava dividido em unidades territoriais denominadas Rio, palavra derivada do verbo regere, que significa governar, reinar. Deste modo, literalmente, região significaria uma área de dominação, de controle político administrativo.

Gomes (2007, p. 50) também apresentou o conceito de região dentro deste mesmo raciocínio, quando afirmou que "[...] nos tempos do Império Romano [região] era a denominação utilizada para designar áreas que, ainda que dispusessem de uma administração local, estavam subordinadas às regras gerais e hegemônicas das magistraturas sediadas em Roma". Haracenko explica que o conceito de região era utilizado nos primórdios, mas o conceito foi sofrendo alterações e "[...] aparece ao longo da história da humanidade sob várias formas. Ora são porções territoriais conquistadas militarmente, como as colônias europeias nas Américas, na África e Ásia. Ora são áreas criadas político-administrativamente" (2002, p. 214). Esta foi a maneira utilizada para controlar e dirigir segundo Haracenko, "[...] um território nacional, como as províncias, os estados, os municípios, etc." (2002, p. 214).

Por que o conceito de região na concepção tradicional prevaleceu no ensino de Geografia inalterado até meados da década de 1980 aproximadamente?

Segundo Lencioni (2001, p. 194), o espaço, por causa de sua abstração, "deixou de ser a referência central, que passou a ser o espaço vivido, aquele que é construído a partir da percepção das pessoas [...] e mais do que isso, interpretado pelos indivíduos. Igualmente, espaço vivido como revelador das práticas sociais". Dessa forma, os objetos, ao serem considerados como fenômenos se manifestam na consciência humana, as questões em torno da compreensão por região, passaram a desencadear novas discussões que objetivou

> [...] compreender o sentimento que os homens têm de pertencer a uma região. [...] A identidade dos homens com a região se tornou então um problema central na geografia regional de inspiração fenomenológica (Lencioni, 2001, p. 194).

Pensar o espaço regionalmente foi importante para as estratégias políticas administrativas ao longo da história. A formulação científica do conceito de região ocorreu no século XIX, como parte dos esforços da ciência geográfica. No início do século XX, a escola francesa elaborou de forma sistemática o conceito de região, que não consistia na mesma compreensão da ideia de região natural. Corrêa (1986), demonstrou que naquele período o conceito de região tinha se transformado em uma discussão central para a Geografia e que estava vinculado ao conceito de paisagem:

> [...] enquanto a região natural era compreendida como uma parte da superfície da Terra, dimensionada segundo escalas territoriais diversificadas, e caracterizadas pela uniformidade resultando da combinação ou integração [...] em áreas dos elementos da natureza, a região geográfica envolvia uma paisagem e sua extensão territorial, onde se entrelaçam de modo harmonioso componentes humanos e natureza (Corrêa, 1986, p. 23).

Com o fim da Segunda Guerra Mundial, o debate sobre o conceito de região ou o próprio estudo sobre as regiões se tornaram insuficientes para esclarecer a nova articulação mundial. Para Gomes (2007, p. 50), "[...] a ideia de autonomia regional não tem mais sentido teórico, prático ou político".

Assim, a partir do século XX, a região geográfica consolidou-se como base referencial da Geografia pelo fato de conseguir demonstrar mediante explicações como estavam articulados os territórios politicamente estabelecidos ainda com características dos resquícios do modelo imperial romano, que sob o argumento da soberania influenciava a organização dos espaços territoriais. Segundo Santos (1996, p. 197):

> [...] as regiões foram configurando-se por meio de processos orgânicos, expressos através da territorialidade absoluta de um grupo, onde prevaleciam suas características de identidade, exclusividade e limites, devidas à presença desse grupo, sem outra mediação. A diferença entre áreas se devia a essa relação direta com o entorno. Podemos dizer que, então, a solidariedade característica da região ocorria, quase que exclusivamente, em função de arranjos locais.

Situado nesse processo dinâmico em que se colocou a ciência geográfica, o conceito tradicional de região foi impactado pelos debates que ocorriam nas correntes críticas dessa ciência, que divergiam na forma de pensar das correntes tradicionais. De acordo com Haesbaert (2005, p. 11), a desvalorização do conceito região:

> [...] se deu com os geógrafos quantitativistas que acusaram a Geografia Tradicional de ser anticientífica, pois valorizava o único e o singular (a região) em prejuízo da busca de generalizações e leis. Na mesma época, porém, os geógrafos

> "teoréticos" reabilitaram o conceito de região, definindo-a de acordo com os critérios que interessavam aos planejamentos estatais e à intervenção do capital sobre determinada área. A região era, assim, definida pelo pesquisador e os interesses que o moviam, e não mais um dado empírico externo a ele. Foi "uma passagem da região indivíduo à região sem identidade".

O texto evidenciou que a corrente composta dos geógrafos pragmatistas[9] não compactuava com a corrente da Geografia Tradicional[10] de não serem favoráveis aos avanços da ciência geográfica. Esse posicionamento criou divergências entre as duas correntes, porque os geógrafos da linha tradicional não renunciaram à concepção de região ao destacar suas generalizações e leis. Os quantitativistas, por sua vez, se mantiveram com o conceito de região com um olhar voltado aos planejamentos estatais, mediante a intervenção do capital a partir de uma área delimitada em que as questões culturais não eram relevantes.

A princípio, para os teóricos da corrente crítica da ciência geográfica, como Lacoste (1988, p. 59), a concepção de região estabelecida pelo grupo de La Blache:

> [...] foi entendida como um conceito obstáculo, pois impedia a compreensão das relações socioespaciais internacionais e assumia o papel de sujeito, tornando-se região-personagem histórica que naturalizava as diferenças econômicas, sociais e culturais.

Todavia, essa concepção cristalizada, do que se entendia por região, avançou após os teóricos da corrente crítica tomarem conhecimento de outros escritos do geógrafo La Blache. Esses teóricos não abandonaram o debate em torno da discussão da desvalorização da concepção estreita e cristalizada do conceito de região. O conceito perdeu ainda mais força, na década de 1980, momento em que os teóricos direcionaram suas discus-

---

[9] A Geografia Pragmática, também conhecida como Geografia Quantitativa ou Nova Geografia, é uma corrente de pensamento que surgiu na década de 1950 e promoveu grandes modificações na abordagem metodológica da Geografia. Baseada no neopositivismo lógico, essa nova corrente geográfica surgiu com a necessidade de exatidão, por meio de conceitos mais teóricos e apoiados em uma explicação matemático-estatística.

[10] Essa corrente foi a responsável pela esquematização da geografia, no sentido de dividir as diferentes áreas que a Geografia seria responsável; por isso é conhecida como a corrente que imprimiu a dicotomia entre as possíveis geografias. Além disso, o método utilizado era baseado no empirismo puro e simples, diferente das correntes posteriores.

sões para as questões dos regionalismos entendidos como luta social. Para Gomes (2007, p. 72):

> [...] o fundamento político do conceito de região se baseia no "controle e gestão de um território" e se hoje o capitalismo se ampara em uma economia mundial não quer dizer que haja uma homogeneidade resultante desta ação. Este argumento parece tanto mais válido quando vemos [...] que o regionalismo, ou seja, a consciência da diversidade, continua a se manifestar por todos os lados. O mais provável é que nesta nova relação espacial entre centros hegemônicos e as áreas sob suas influências tenham surgido novas regiões ou ainda se renovado algumas já antigas.

Na tentativa de entender a reestruturação do que se concebeu por região, é indispensável visualizar a partir de um olhar crítico as transformações que ocorreram nas atribuições do Estado como principal responsável pela articulação de demarcação, organização e administração dos territórios. Santos (2005) afirmou que, mesmo evidenciando os interesses políticos e econômicos internacionais objetivando enfraquecimento do Estado, ele se constituiu numa instituição estratégica na produção do espaço geográfico. Conforme o mesmo autor, o que se constatou foi que o Estado estava solidificado, mas a soberania nacional não. Mediante as transnacionalizações de organizações, o Estado desempenhou cada vez mais suas atribuições com uma função indispensável. O que se redefine no atual período histórico são as relações entre as parcelas territoriais do espaço nacional. Para Santos (1996, p. 196):

> Em primeiro lugar, o tempo acelerado, acentuando a diferenciação dos eventos, aumenta a diferenciação dos lugares. Em segundo lugar, já que o espaço se torna mundial, o ecúmeno se redefine, com a extensão a todo ele do fenômeno de região. As regiões são o suporte e a condição de relações globais que de outra forma não se realizariam. Agora, exatamente, é que não se pode deixar de considerar a região, ainda que a reconheçamos como um espaço de conveniência e mesmo que a chamemos por outro nome.

Dito isso sobre o conceito de região, passamos a discutir as questões relacionadas à imigração. Sobre a motivação dos descendentes de europeus para imigrarem para o Brasil, de acordo com Schalemberg (2009, p. 74), foi "[...] em virtude dos antagonismos crescentes na sociedade industrial, marcada pelo distanciamento entre capital e trabalho, que gerou tensões, cada vez mais acentuadas entre os donos dos meios de produção e os trabalhadores". A Igreja Católica europeia, mediante seus intelectuais clérigos, por seus princípios éticos e morais, sempre teve um olhar crítico e atento às dificuldades dos mais pobres, principalmente da classe operária. Em 1891, a Igreja de Roma publicou sua doutrina social, a *Rerum Novarum*[11], que denunciou "[...] a influência da riqueza nas mãos de um pequeno número ao lado da indigência da multidão" (Schalemberg, 2009, p. 75).

A imigração, portanto, desencadeou-se a partir de uma sociedade europeia derivada de uma crise econômica, social e disputas religiosas, agravadas a partir da Primeira e Segunda Guerra Mundial, momento em que a Europa tornou um continente extremamente enfraquecido e empobrecido. Problemas como a fome e o desemprego foram alguns dos motivos pelos quais imigrantes europeus deixassem sua pátria. No entanto, qual era a identidade dos imigrantes que desembarcariam no Brasil?

> [...] foi o portador de valores, de culturas e estilo de vida, a partir dos quais, adaptando-se ao novo ambiente, foi construindo e constituindo um espaço social inserindo num contexto mais amplo que condicionou e condiciona o modo de vida do colono euro-brasileiro (Gregory, 2008, p. 41).

Ainda de acordo com Gregory (2008, p. 40),

> [...] foram efetivadas grandes concessões de terras nessa área despovoada para que ocorresse a ocupação. Contudo, devido a favorecimentos a grandes empresas estrangeiras, a colonização não foi desenvolvida conforme era previsto.

Contudo, há vários estudos que indicam que não se tratava de área despovoada, pois muitos indígenas já ocupavam esses espaços.

De acordo com Priori *et al.* (2012), as questões relacionadas aos conflitos que surgiram sobre as terras devolutas se deram a partir da promulgação da Lei de Terras n. 601, de 1850. Esta proibia aquisições de terras devolutas por outro título a não ser que o interessado comprasse a área que o interessava. Conforme os mesmos autores, em 1854, a regulamentação da lei

---

[11] A *Rerum Novarum* é um documento do Magistério da Igreja Católica. Ressaltamos que esse documento é bem anterior à Primeira Guerra Mundial. Nele consta a doutrina social da Igreja publicada em 15 maio de 1891 pelo Papa Leão XIII e explicitando a doutrina Católica que direciona os seus fiéis a pensarem e agirem sobre as questões que estão impactando diretamente o mundo e a dignidade de todos.

permitiu aos que comprovassem que eram agricultores e morassem no local a possibilidade de requisitar a área. Nessa perspectiva, aqueles territórios que não foram negociados ou requisitados, o Estado os considerou como terras devolutas, ou seja, patrimônio público.

Para garantir a vinda dos imigrantes, aconteceram acordos do governo brasileiro com empresas estrangeiras que possibilitaram o fenômeno da imigração visando à substituição do trabalho escravo pelo livre. Nesse sentido, houve a instalação no Brasil de empresas estrangeiras que construíram estradas de ferro, para o transporte de cargas e de passageiros. A maior parte dos imigrantes que aqui chegaram foram trabalhar nas atividades agrícolas. Com o tempo essas colônias de imigrantes foram crescendo, gerando a necessidade de mais terras. Com isso se intensificou a migração interna, ou seja, dos filhos dos imigrantes que já haviam nascidos no Brasil, especialmente a partir da década de 1930.

A região sudoeste se enquadrou nos padrões regionais idealizado pelo regime de Vargas, ao propor a política de ocupação de fronteiras, denominada de "Marcha para o Oeste". A região foi incorporada no TFI e nela foi instalada a Cango, ambos criados em 1943.

Naquele contexto, várias regiões do território do estado do Rio Grande do Sul não ofereciam mais as condições favoráveis para manter toda a sua população, pois o solo, com baixa fertilidade, já não respondia pela demanda da produção de grãos. Assim, os espaços geográficos rurais da região sudoeste do Paraná se constituíram em oportunidades para inúmeras famílias que almejavam uma vida de fartura. Com o uso da propaganda, de que o solo tinha capacidade de produção muito boa e, concomitantemente, estava tudo por começar, houve um chamariz para despertar os colonos do Rio Grande do Sul e Santa Catarina para virem para a região.

Ressaltamos que, no Paraná, praticamente toda as áreas das terras das regiões oeste e sudoeste (glebas Missões e Chopin) eram terras devolutas. "A Constituição Republicana de 1891 transferiu a propriedade legal e o controle político das terras devolutas para os Estados" (Priori *et al.*, 2012, p. 144).

Essa mudança oportunizou a concessão de terras como forma de pagamento para as companhias privadas e particulares, como a "Companhia de Estradas de Ferro São Paulo – Rio Grande (CEFSPRG), subsidiária da Brazil Railway Company, as glebas Missões e parte da Chopim, ou seja, quase toda a região Sudoeste do estado" (Priori *et al.*, 2012, p. 144).

Na década de 1930, ao analisar as conceções de terras feitas no estado do Paraná, Mario Tourinho, o interventor nomeado por Vargas, percebeu inúmeras irregularidades na execução do contrato assinado entre a CEFSPRG e o estado do Paraná. Por causa disso, cancelou a concessão das glebas Missões e parte da Chopim. A companhia não aceitou tal decisão e iniciou uma disputa jurídica para a manutenção da propriedade das terras no sudoeste do Paraná. Getúlio Vargas, ao procurar salvaguardar os interesses da nação brasileira, deu início a uma política de ocupação em diferentes territórios do Estado brasileiro, entre eles o sudoeste do Paraná.

A região era habitada por índios e caboclos. De acordo com Niederheitmann (1986), em 1919, foi instalada a Colônia Estadual Bom Retiro, criada pelo Decreto n. 382, de 7 de maio de 1918. Conforme o mesmo autor, essa colônia situava-se entre os Rios Pato Branco e Vitorino, que passou a condição de Distrito Judiciário a partir de 1927. Hoje é a sede da cidade de Pato Branco. As pessoas que chegavam naquela localidade vieram, em sua maioria, dos estados do Rio Grande do Sul e de Santa Catarina. Aos poucos, conforme se instalavam, percebiam a possibilidade de melhores condições de vida. No Sudoeste, o clima e o solo eram favoráveis para a agricultura.

No mapa que segue podemos visualizar a localização das glebas Missões e Chopin e a Colônia Bom Retiro, integrantes da região sudoeste.

Mapa 1 – Localização das glebas Missões e Chopin e a Colônia Bom Retiro: 1920

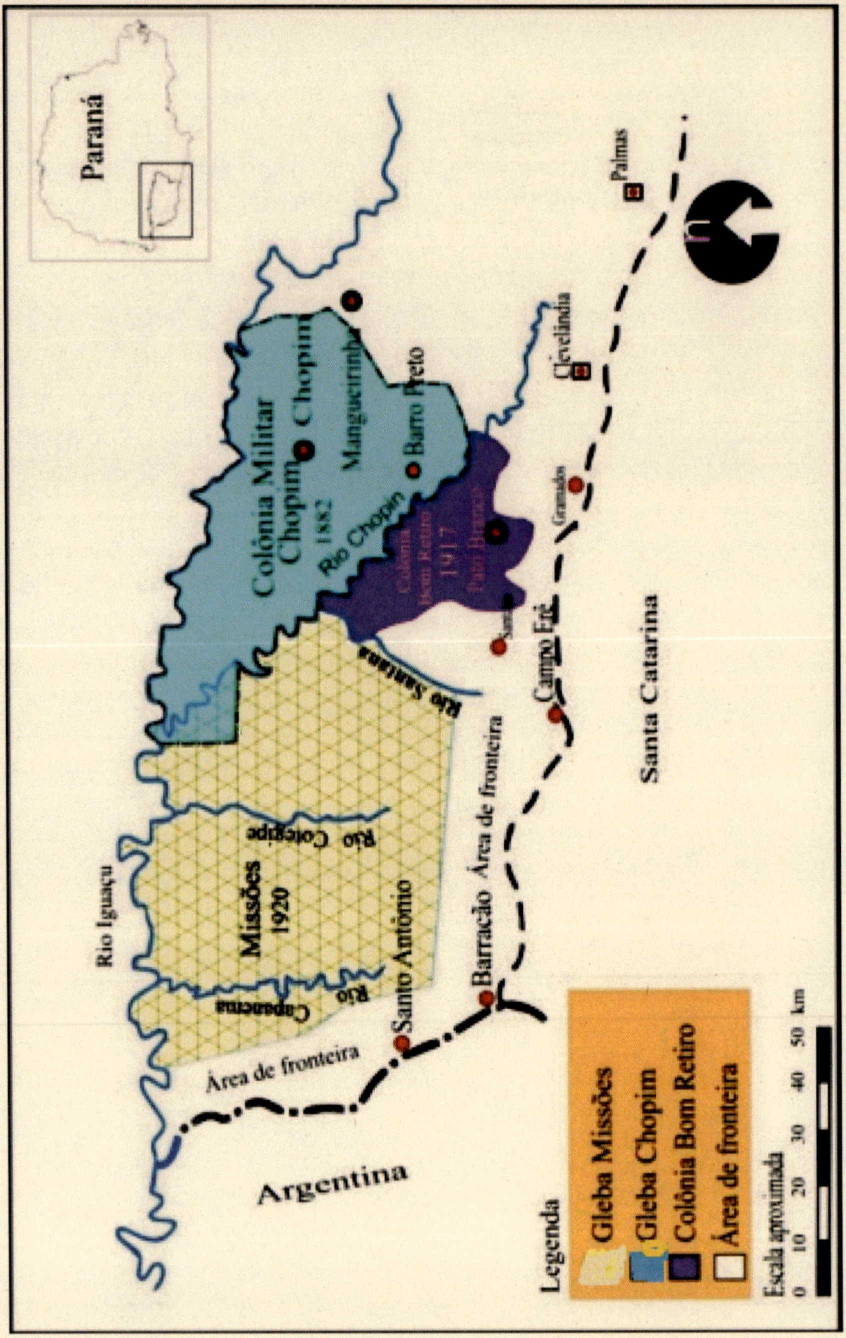

Fonte: Flávio (2011, p. 264)

Sobre os contratos celebrados com as empresas estrangeiras pelo governo relativo à gleba Chopin e Missões, Colnaghi (1984, p. 45-45) afirmou:

> Com a Revolução de 30, assumiu o governo provisório do Paraná, como interventor, o General Mário Tourinho. Seu governo, estudando os contratos que haviam sido firmados pelo Estado primeiro com a companhia Estrada de Ferro São Paulo-Rio Grande, depois com a companhia brasileira de Viação e Comércio (BRAVIACO), para construção da Estrada de Ferro de Guarapuava Foz do Iguaçu concluiu pela elaboração do Decreto nº 300 de 3 de novembro de 1930 e do Decreto nº 20 de 20 de janeiro de 1931 através desses decretos o Estado do Paraná rescindia os referidos contratos, devido ao não cumprimento de cláusulas contratuais pelas companhias, e reintegrando ao domínio do Estado cerca de 2.100.000 hectares de terras incluindo as glebas Missões e Chopin que no início do século haviam sido medidas à companhia São Paulo Rio Grande. A região Sudoeste deixava assim, de ser um imenso latifúndio nas mãos de companhia estrangeira, cujo interesse não ia além do saque indiscriminado das reservas naturais do solo.

De acordo com Santos (2008, p 43):

> [...] a partir de 1930, o modelo agroexportador e, consequentemente as instituições brasileiras passam por uma forte crise. No seio desta, insurge um movimento nacionalista embrenhado na sociedade desde a constituição da República brasileira. Tomam forças e formam o movimento tenentista e o movimento decorrente da Coluna Prestes. Com a crise, o Brasil inicia o processo de industrialização, dependente do capital internacional e da parceria com a burguesia agrária. Trata-se de processos que resultam, na década de 1960, na modernização da agricultura e o êxodo rural. Ocorre assim, a manutenção do latifúndio simultaneamente à mini-fundialização e o parcelamento de propriedades subordinadas, de diferentes formas, à lógica da exploração e a manutenção capitalista, especialmente do centro-sul do país.

Ainda para a mesma autora, "[...] principiam os fluxos migratórios das áreas rurais, mini fundiárias do Rio Grande do Sul dando origem à pequena propriedade, sobre a qual se processa a produção através do trabalho familiar" (Santos, 2008, p. 43). Com relação ao sudoeste do Paraná:

> [...] é caracterizado, em sua maioria, pelo predomínio de pequenas propriedades de produção familiar, que visam garantir a sobrevivência a partir da inserção no mercado. A produção para autoconsumo, presente no início de sua colo-

> nização, principalmente no caso dos primeiros povoadores da região denominados "caboclos", é substituída paulatinamente pela produção de mercadorias, seguindo a lógica de desenvolvimento do capital, sob a qual o valor de uso é subjugado pelo valor de troca. Nesse contexto, a maioria da população mundial necessita recorrer ao mercado para satisfazer suas necessidades de existência (Santos, 2008, p 32).

Assim, a marcha para o sudoeste desenvolveu-se no Paraná, promovendo uma colonização, direcionada na perspectiva dos moldes empresariais, a partir de uma visão empreendedora, exportando para o estado migrantes oriundos do Rio Grande do Sul e de Santa Catarina. Parte desses migrantes era conhecida como os colonos modelos que atuavam na produção de grãos e derivados que possibilitavam naquele período o abastecimento dos mercados internos de alimentos.

Segundo Martins (1986, p. 21):

> [...] o problema fundiário no Brasil envolve, historicamente, ações de violência e corrupção, exercida muitas vezes sob as vistas complacentes e inoperantes do poder público que acoberta seus autores, a ponto de elaborar leis com o único propósito de lhes dar guarida. A criação de granjas modelo, no Governo Vargas, a pretexto de atender aos reclamos do nosso homem do campo e de aprimorar a produção agrícola no País, ensejou, tão somente, a concessão indevida de terras aos apaniguados da Ditadura, conforme se evidencia a seguir. Todavia, a implantação pelo mesmo Governo de Colônias Agrícolas Nacionais, visando o aproveitamento de terras supostamente devolutas, ainda que feita de maneira atabalhoada, deixou no Paraná, um saldo positivo, ao propiciar, a marcha rumo as nossas fronteiras com o Paraguai e a Argentina, promovendo a ocupação física e o aproveitamento de uma extensa e fértil região até então inexplorada.

O trecho enfatiza o problema fundiário no país, destacando que não foi a primeira vez que o poder público, em vez de procurar resolver os problemas emergentes da questão fundiária, fez com que a situação se agravasse ainda mais. Assim, o sistema vigente protegia os mandantes e autores da corrupção no território nacional promulgando leis como forma de ocultar crimes desta natureza.

Concomitantemente, o presidente Getúlio Vargas, ao criar o TFI em 1943, objetivou ocupar a região com fins de proteger os limites fronteiriços entre Brasil, Argentina e Paraguai. Como estratégia, criou-se a Cango, que passou a oferecer terras para os agricultores que tinham interesse em explorar e ocupar o sudoeste do Paraná. Aqueles que chegavam, recebiam incentivos até se estabilizarem.

No entanto, esse aparente "pacote de bondade" do presidente surgiu justamente no momento da crise do capitalismo a nível mundial. As determinações presidenciais causaram impactos negativos para a população local. Os caboclos e indígenas precisaram mudar de local e tiveram seus espaços reduzidos.

Pesquisadores e estudiosos do processo de ocupação demonstraram que decisões dessa natureza tiveram inúmeras consequências para o território do sudoeste, como a expropriação das terras dos caboclos e povos indígenas, que, de acordo com Santos (2008), posteriormente passaram a viver em condições miseráveis, tendo de vender seus artesanatos de porta em porta ou mendigar o pão para seus filhos nas cidades da região sudoeste. Partes desses indígenas foi aldeada na reserva criada no Município de Mangueirinha, em 30 de dezembro de 1949. A reserva no município de Palmas só foi criada em 20 de abril de 2007. Em consequência do uso descontrolado das terras, constatamos o desmatamento desenfreado, a concentração das terras e o desequilíbrio do meio ambiente.

Os migrantes que se propuseram a vir para o território do sudoeste tinham em mente adquirir terras para produzir em grande escala. Segundo Niederheitmann (1986, p. 23)

> [...] foi na década de 1940 [...] o surgimento, às margens do rio do mesmo nome, da localidade de Vila Marrecas, ponto de partida para a transformação no município de Francisco Beltrão, em polo de uma vasta região no Sudoeste do Estado do Paraná.

Conforme Lazier (1998), reservistas do Exército Nacional, embasados no Decreto-Lei n. 1968, de 17 de janeiro de 1940, solicitaram doações de lotes de terras na faixa da fronteira. O mesmo autor enfatizou que Vila Marrecas juridicamente se originou mediante o Decreto 12.417, de 12 de março de 1943, que criou a Cango.

De acordo com Oliveira (2022, p. 115), "a criação da CANGO foi um plano para fortalecer o processo de colonização, o qual desempenhando um papel democrático, com a participação ativa dos colonos", em diferentes perspectivas, como econômico, educacional, política e social, o que consolidou o projeto de colonização.

Segundo o mesmo autor, mediante a reforma agrária concretizada pela Cango, inúmeras famílias receberam terras para o cultivo, fazendo com a população de colonos crescesse rapidamente em quase todo o sudoeste. Segundo Oliveira (2022, p. 116), as famílias não recebiam apenas os lotes, a Cango também oferecia aos colonos cadastrados

> [...] casa e utensílios para trabalhar a terra, serviços médicos, enfermarias, hospedarias, refeitório, oficina mecânica, sala de telecomunicações e, ao seu redor, residências destinadas aos servidores federais [...] inclusive com a construção de escolas.

No decorrer da década de 1950, muitas disputas ocorreram em torno dos campos férteis do sudoeste. Podemos citar a ação judicial movida por José Rupp, que "[...] obteve, no início do século, do governo a autorização para extrair erva mate e madeira no planalto catarinense [...] a CIA de Estradas de Ferro São Paulo Rio Grande recebeu a mesma área do governo" (Lazier, 1998, p. 40). Essa questão transformou-se em disputa judicial e José Rupp propôs receber como indenização do Governo Federal a gleba Missões. Em 1950, Rupp ganhou na justiça a ação. De acordo com Lazier (1998, p. 41), Rupp cedeu seus créditos à Clevelândia Industrial Territorial Ltda (CITLA)[12], a partir daí aconteceu o milagre: "aquilo que era ilegal tornou-se legal [...], consta que o Governador Moisés Lupion, era um dos Sócios da CITLA". Em 16 de maio de 1951, o Governo Federal conseguiu derrubar a liminar e a reintegração de posse das glebas, entregues em forma de pagamento. No processo justificou-se ser uma transação ilegal. Com isso, os problemas judiciais foram se arrastando e, concomitantemente, a povoação aumentando. Qual seria solução para resolver esse impasse?

No início da década de 1950, a região sudoeste já contava com várias vilas bem desenvolvidas que foram constituídas em municípios pela Lei Estadual n. 790, de 14 de novembro de 1951. Foram emancipados os municípios de Barracão, Capanema, Francisco Beltrão, Pato Branco e Santo Antônio, todos desmembrado do município de Clevelândia. A parir de então a região passou a ter oito municípios, somando aos já citados municípios de Clevelândia, Mangueirinha e Palmas.

Segue o mapa da região Sudoeste com os municípios criados a partir de 1951.

[12] A Citla foi uma entre as duas companhias de terras que, em meados da década de 1950, se apresentava como a legítima proprietária das glebas Missões e Chopin. Por isso, fazia a gestão das áreas vendendo e revendendo-as mediante pistoleiros contratados para cobrar dos posseiros sob até ameaça de morte se não aceitassem a pagar. Sobre essa discussão, conferir Lazier (1998) e Fiorese (2000).

Mapa 2 – Divisão territorial do Paraná: municípios do Sudoeste em 1951

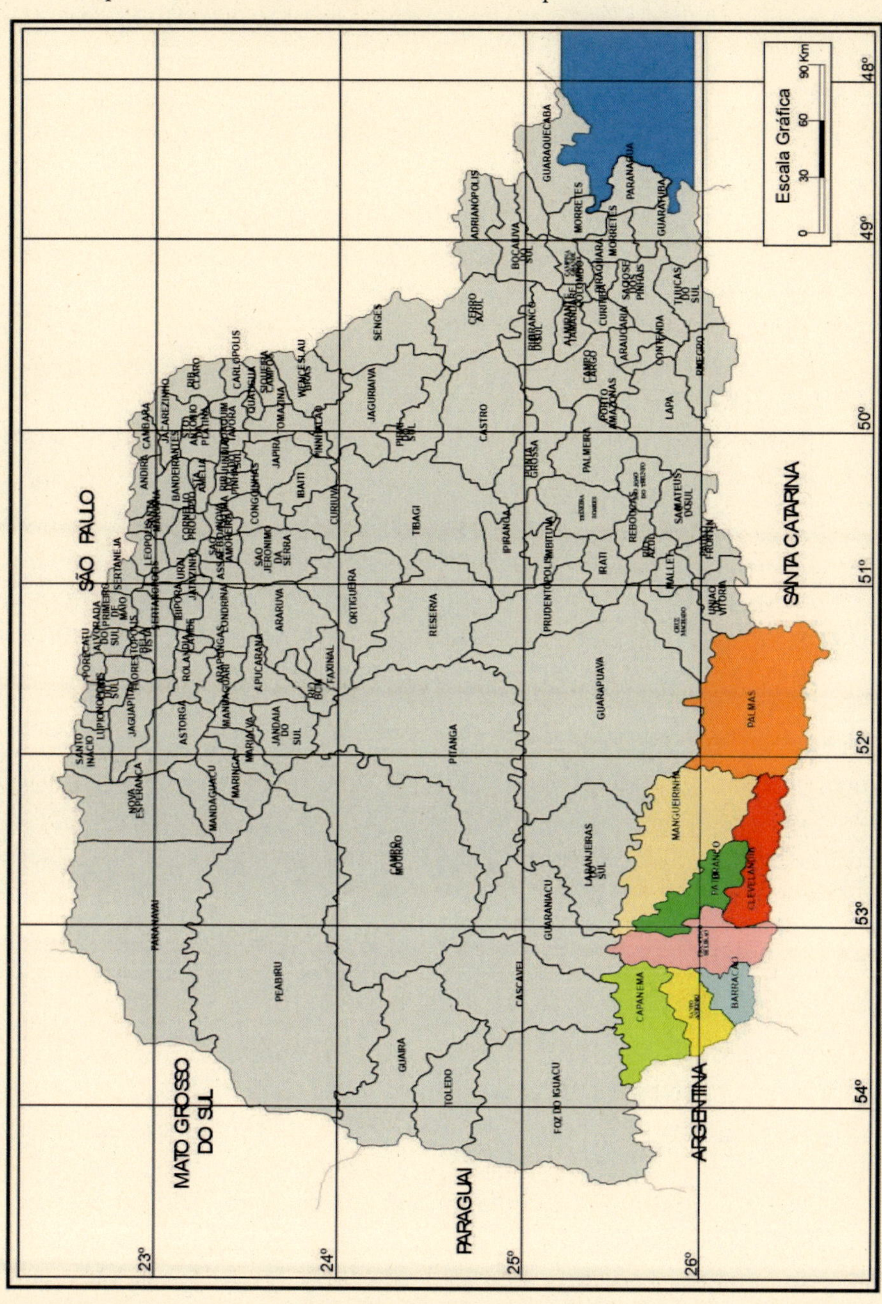


Fonte: Oliveira (2022, p. 110)

A criação dos novos municípios foi fundamental para o desenvolvimento da região, mas na época o problema central era a questão da posse da terra. Envolto a esse contexto e para além das irresponsabilidades dos administradores, evidenciaram-se subornos, chantagens e muitas injustiças foram cometidas. As empresas que negociavam as terras no sudoeste do Paraná como um todo mantinham o olhar direcionado ao lucro. Assim em 1953, a União moveu ação visando à anulação definitiva da doação das glebas, em forma de pagamento. Como a Citla tinha grande chance de perder a ação, promoveu ações mais duras contra os colonos e posseiros visando receber pelos lotes de terra.

O contexto era de tensão pela posse da terra, com jagunços contratados que atuavam a serviço das companhias que negociavam as terras, forçando os agricultores a comprarem novamente a área de terra recebida. Isso fez com que a violência dos jagunços tomasse grandes proporções e os assentados em contrapartida se revoltaram com tantas injustiças e trapaças.

Uma vez que a situação da titulação das terras ainda estava um tanto quanto indefinida, o colono que morava na área não era considerado o legítimo proprietário, por isso "a apreensão e a desconfiança não deixaram de existir no seio de toda a população" (Niederheitmann, 1986, p. 44). Devido à lentidão no processo para solucionar o problema das glebas em discussão, constatou-se que ocorreram a destruição das riquezas naturais da região. Segundo Niederheitmann (1986), os posseiros estavam inseguros do que poderia acontecer, inclusive uma possível expulsão das terras, com isso, exploraram de forma intensiva a floresta que existia no sudoeste com a comercialização de madeiras por meio da instalação de serrarias que viabilizaram o serviço. A população de forma expressiva, como indicado no quadro mais adiante, continuava migrando do Rio grande do Sul e de Santa Catarina para o sudoeste do Paraná.

No ano de 1957, articularam-se duas companhias imobiliárias na região com objetivos financeiros, a Companhia Comercial e Agrícola Paraná Ltda. e Companhia Colonizadora Apucarana. Essas companhias tinham uma relação de interesses compartilhados com a Citla. Foi nesse contexto que se desenrolou toda a problemática da violência em Francisco Beltrão e região devido ao descontentamento dos agricultores, frente as ações implementadas pelas companhias colonizadoras. Os grupos de pistoleiros contratados pelas companhias colonizadoras, cujo um dos sócios era Moisés Lupion, agiam com truculência cumprindo ordens dos seus comandantes e tendo apoio de autoridades que se camuflavam em meio aos conflitos atuando nos bastidores para ajudar as companhias.

Segundo Belliato (2017), a paciência das famílias chegou ao limite. Os posseiros se articularam como forma de resistência frente às tensões presentes na região. De acordo com Fiorese (2000, p. 69): "Nos meses de agosto, setembro e outubro de 1957, a situação demonstrava-se mais grave. O número de mortes e o nível de violência em diversos municípios haviam aumentado consideravelmente".

O dia 10 de outubro de 1957 transformou-se em um marco na história regional por ser o dia em que as companhias e seus jagunços foram expulsas da região depois de causar inúmeras injustiças, como a morte de migrantes, que chegaram na região com projetos e sonhos e foram acometidos com atos de violência inclusive com crianças e mulheres. Frente ao quadro de violência que se instaurou naquele período, muitos colonos abandonaram suas terras e seus pertences, retornando para o local de onde vieram ou fugindo para outras regiões, mas teve um grupo muito expressivo que ficou e lutou pelos seus direitos.

Esse fato marcou para sempre a história de libertação dos pequenos proprietários das grandes companhias, que atuavam na região e exploravam a população humilde, cometendo atos bárbaros contra os inocentes e indefesos. Os protestos aconteceram no dia 10 de outubro de 1957 em várias cidades da região, como Barracão, Capanema, Pato Branco, Santo Antônio e Francisco Beltrão, os cinco municípios emancipados em 1951. Uma vez que a sede da Citla estava localizada em Francisco Beltrão, o município se destacou, com a maior manifestação da revolta, na praça Doutor Eduardo Virmond Suplicy, área central da cidade.

Na imagem seguinte, visualizamos a comemoração pela libertação dos posseiros das empresas e companhias que realizavam a exploração das terras em Francisco Beltrão e região.

Figura 3 – Comemoração dos Posseiros em 10 de outubro de 1957

Fonte: Acervo Memorial de Francisco Beltrão (2021)

A revolta dos posseiros foi além da conquista da terra, ela significou a articulação das lideranças rurais e urbanas na luta por um processo digno, da posse da terra, uma vez que o povo estava cansado da crueldade. No ápice da revolta, não ocorreram mortes por ter se tratado de uma revolta pacífica. Esses acontecimentos foram inerentes ao desenvolvimento regional dos municípios do sudoeste e principalmente de Francisco Beltrão.

Na imagem seguinte visualizamos o montante de papéis e documentos dos escritórios que compunha os arquivos das empresas que negociavam as terras em Francisco Beltrão e região. A destruição dos arquivos das companhias foi uma maneira que os colonos encontraram para se livrar do controle imposto pelas companhias colonizados.

Figura 4 – Documentos das companhias de terras espalhados pelas ruas da cidade de Francisco Beltrão no dia da revolta em outubro de 1957

Fonte: Lazier (1988, p. 68)

Após o movimento de revolta dos posseiros, os resultados atingidos com o ato realizado, paulatinamente, redesenharam a organização das administrações para Francisco Beltrão e região. Concretamente, promulgaram-se leis federais para sanar os problemas e conflitos sobre divergências constatadas no que tange às terras.

O início da solução se deu com o presidente Jânio Quadros, quando a partir do Decreto n. 50.379, assinado em 27 de março de 1961, ele transformou as terras da região sudoeste em utilidade pública. Menos de um ano depois, o governo João Goulart, em 19 de março de 1962, pelo Decreto n. 51.431, visando organizar melhor as demarcações de terras nas glebas Missões e Chopin, criou o Grupo Executivo para as Terras do Sudoeste do Paraná (Getsop) (Niederheitmann, 1986).

A criação do Getsop foi uma estratégia eficaz do Governo Federal em parceria com o estado do Paraná, que conseguiu pacificar a região sudoeste ao regularizar as propriedades com a concessão de títulos das áreas exploradas de forma irregular. Ressaltamos que, além de regularizar as áreas de terras, O Getsop também dava assistência aos colonos. Segundo Lazier (1977, p. 24), "Os lavradores e moradores da Região de posseiros passaram a proprietários. Receberam o título da propriedade onde moravam e trabalhavam".

Com tais medidas, o Getsop atuou como um órgão que potencializou o desenvolvimento da região, uma vez que a regularização das terras criou as condições indispensáveis para que os agricultores conseguissem viabilizar linhas de crédito, junto aos bancos, para fomentar a agricultura e a pecuária. Entre os anos de 1963 e 1972, no período em que atuou o Getsop, foram concedidos mais de 35 mil títulos de propriedade aos colonos.

Durante a década de 1950 e 1960, a região recebeu um grande número de migrantes e, após a solução do problema da posse da terra, o crescimento populacional foi ainda maior. De acordo com informações encontradas nos dados do Instituto Paranaense de Desenvolvimento Econômico e Social (Ipardes, 2009), organizamos o quadro que segue para demonstrar o aumento populacional nas áreas urbanas e rurais na região sudoeste do Paraná entre as décadas de 1950 e 1980.

Quadro 1 – Dados da população urbana e rural do sudoeste do Paraná entre 1950 e 1980

| POPULAÇÃO DO SUDOESTE DO PARANÁ | | | |
|---|---|---|---|
| ANO | URBANA | RURAL | TOTAL |
| 1950 | 8.471 | 85.687 | 94.158 |
| 1960 | 48.341 | 264.163 | 312.504 |
| 1970 | 100.156 | 412.354 | 512.510 |
| 1980 | 210.758 | 410.814 | 621.652 |

Fonte: adaptado de Ipardes (2009)

Ao observarmos, constatamos que, na década de 1950, a região sudoeste do Paraná era constituída por uma população aproximada dos 95 mil habitantes. Desse total, quase 9% localizavam-se no espaço geográfico urbano e 91% no rural. Na década de 1960, constatamos que houve um aumento considerável na população, um crescimento na ordem de 229%, ultrapassando os 312 mil habitantes, destes quase 48.500 concentravam-se em áreas urbanas (15,5%) e mais ou menos 264.000 habitantes viviam em áreas rurais (84,5%). Na década de 1970, o aumento populacional continuou e quase que dobrou, pois ultrapassou os 512 mil habitantes. Na área urbana viviam aproximadamente mais de cem mil (19,5 %). Nas rurais, viviam mais de 410 mil (80,5%). Na década de 1980, os dados registram que a população do sudoeste chegou a 621 mil habitantes. Desses, 210.500

viviam em áreas urbanas (33,9%) e mais de 410.500 concentravam se em áreas rurais, somando (66,1%). Como visto, os dados revelam um significativo crescimento no nível de urbanização da região até 1980.

Esse aumento demográfico expressivo em terras do sudoeste esteve relacionado a uma série de situações, conforme demonstramos até aqui. Muitos migrantes chegaram com suas famílias e iniciaram uma nova vida, visto que o clima era favorável, havia rios e riachos em abundância, bem como terras férteis, uma enorme floresta para ser explorada, com grande quantidade de madeiras e o apoio do Estado, representado pela Cango.

Ao concluir o primeiro capítulo, destacamos que as fontes investigadas evidenciaram as realizações do primeiro e segundo mandato do presidente Getúlio Vargas voltadas para os projetos iniciais de infraestrutura, energia e industrialização, que objetivavam colocar o Brasil na rota do processo de desenvolvimento econômico nacional. Foi no seu governo também que se criou a política de colonização "Marcha para o Oeste", que teve impacto direto na região sudoeste do Paraná. Elucidamos as ações do presidente Juscelino Kubitschek com a continuidade de projetos voltados à infraestrutura e industrialização iniciada por Vargas na década de 1950.

Sobre Jânio Quadros e João Goulart, embora seus mandatos foram interrompidos, destacamos alguns avanços, como a criação pelo Banco do Brasil das Movecs, que eram as unidades móveis do banco que priorizavam o atendimento aos pequenos agricultores em espaços geográficos longínquos da região Norte do país. João Goulart, enviou para o Congresso Nacional o projeto de reforma bancária, mas não obteve êxito naquela ocasião. João Goulart contribuiu com parte da reorganização do Ministério da Agricultura, a partir da criação da Companhia Brasileira de Alimentos e a Superintendência Nacional de Abastecimento. Também durante esse mesmo mandato, constituiu-se a Companhia Brasileira de Armazenamento (Cibrazém). Como iniciativa de impacto direto na região, tivemos a criação do Getsop.

Com o golpe civil-militar de 1964, o Brasil deu continuidade à relação com o processo de desenvolvimento nacional mediante as grandes construções promovidas pelos governos militares em continuidade às iniciativas realizadas por Getúlio Vargas e Juscelino Kubistchek, causando impactos visíveis em diversos setores da economia brasileira, como a modernização da agricultura mediante parcerias entre Esalq-USP e Universidade de Ohio (EUA), bem como mais investimentos em obras de infraestrutura nas áreas de energia e transporte. A partir de meados da década de 1970, o sistema governamental militar desgastou-se, mostrou-se ineficiente para enfrentar a crise financeira que assolou o Brasil, devido à crise mundial do petróleo. No final da década de 1970 e início da de 1980, iniciou-se um processo de abertura lenta e gradual para o regime democrático.

Quanto à ocupação da região sudoeste, ficou evidente que a vinda dos migrantes se deu de forma intensiva por gaúchos e catarinenses devido às características das terras, apresentando condições favoráveis para o desenvolvimento da agricultura e a pecuária, incentivados pela Cango e o Getsop.

Tratamos do problema relativo ao conflito pela posse da terra, o papel das companhias colonizadoras e a resistência dos posseiros, que desencadeou no levante do dia 10 de outubro de 1957. Mesmo com todas as tensões e conflitos, a região se desenvolveu, pois, em 30 anos, a população cresceu mais de 500%.

No segundo capítulo, trataremos das questões relacionadas ao desenvolvimento de Francisco Beltrão, com a participação direta do Poder Executivo municipal, que contribuiu como parte desse processo. Apresentamos também desdobramentos históricos sobre a implantação do Ginásio Estadual Francisco Beltrão, uma luta que durou anos, e seguiu-se com a mobilização da comunidade para concretizá-la.

# CAPÍTULO II

# FRANCISCO BELTRÃO NO CONTEXTO DO SUDOESTE DO PARANÁ

Neste capítulo tratamos das questões relacionadas ao desenvolvimento de Francisco Beltrão analisando alguns aspectos políticos, econômicos, sociais e culturais que potencializaram a constituição do município em polo regional. Também buscamos compreender o processo de criação e implantação do ginásio estadual e sua passagem pelo Instituto Nossa Senhora da Glória, até sua instalação definitiva na Rua Tenente Camargo. Destacamos também o protagonismo que a instituição exerceu no campo educacional, como uma das partes para o desenvolvimento do município de Francisco Beltrão e região.

## 2.1 O desenvolvimento de Francisco Beltrão e região

Ao pensar o processo de emancipação e desenvolvimento de Francisco Beltrão até o início da década de 1980, devemos considerar uma de suas principais vocações naquele período, a agricultura de subsistência, que foi paulatinamente substituída pelo sistema de produção mecanizado, objetivando a produção em grande escala, se consolidando como agronegócio. Isso fez com que uma pequena vila se transformasse numa cidade polo com a instalação de várias indústrias, comércios e serviços públicos. O município de Francisco Beltrão resultou de uma trajetória histórica de desenvolvimento, no contexto regional, o qual teve o poder público como uma das partes significativa desse desenvolvimento[13].

Ao propor o desenvolvimento desta pesquisa, ficou claro e imprescindível conhecer o contexto histórico e geográfico em que o município

[13] Chamamos a atenção sobre algumas observações/informações apresentadas neste estudo a respeito das atividades desenvolvidas pelos ex-prefeitos no recorte temporal proposto. Não houve nenhuma pretensão em exaltar as obras e nomeações realizadas, apenas localizar no tempo situações que potencializaram o desenvolvimento do município. Um estudo crítico sobre as gestões dos respectivos prefeitos poderá demonstrar maiores ou menores contribuições dos gestores para o desenvolvimento local e regional, mas não foi nosso objeto de atenção nesse momento. Para aprofundar as leituras, recomendamos Lazier (1998), Santos (2008) e Flávio (2011).

se encontrava, para tanto nos cercamos de fontes documentais e escritos da época, como a revista *Jubileu de Prata*[14], organizada em comemoração aos 25 anos de fundação do município de Francisco Beltrão, pelo professor Hermógenes Lazier[15]. A revista foi/é uma importante fonte para compreendermos o processo de desenvolvimento de Francisco Beltrão, pois contém informações relevantes sobre o município em diversas áreas.

Conforme Lazier (1977), o município de Francisco Beltrão estava/está localizado na região sudoeste do estado do Paraná, há 536 quilômetros[16] de Curitiba, capital do estado. O clima era ameno. O calor iniciava a partir de outubro e ia até meados de março. Quanto à temperatura, no verão, normalmente não ultrapassava 38º graus. Ao amanhecer, os termômetros registravam geralmente 16 °C. O frio iniciava no final de maio e ia até setembro. Durante o inverno, a temperatura caia a níveis baixíssimos. Havia dias/pontos em que os termômetros registravam temperaturas abaixo de 0 °C. O clima era subtropical, chovia quase o ano inteiro e as estiagens ocorriam entre os meses de novembro, abril e maio. Francisco Beltrão era bem servido de rios. Ao Leste existe a bacia do Rio Marrecas. O principal rio dessa bacia é o Marrecas, que nasce no município de Marmeleiro e passa dentro da cidade. Seus principais afluentes são: Rio Santa Rosa, Rio Quatorze, Rio Tuna e Rio do Mato e pequenos riachos como: Lonqueador, Urutago e outros.

Segundo Oliveira (2022, p. 98), durante a "década de 1940 a população do Sudoeste do Paraná teve um crescimento significativo, principalmente a partir de 1948, quando a CANGO se instalou na Vila Marrecas e intensificou a distribuição de terras aos colonos sulistas". Com o crescimento

---

[14] A revista *Jubileu de Prata* foi uma edição histórica em comemoração aos 25 anos de emancipação do município de Francisco Beltrão. A revista é uma fonte primária referência para história regional e contém 83 páginas com significativos dados sobre o município e a região, apresentando informações raras sobre o desenvolvimento do município em seus aspectos econômicos, culturais e sociais. Foi organizada pelo professor e historiador Hermógenes Lazier em 1977, mas por se tratar de uma edição comemorativa não traz uma análise crítica do período. O organizador da revista atuou como professor no Ginásio e Cema na área de OSPB, História e Geografia do Paraná e na Escola Normal Estadual Regina Mundi.

[15] Hermógenes Lazier nasceu em 19 de abril de 1931 em União da Vitória (PR). Foi militante, operário, jornalista, contador, professor, vendedor, administrador público, historiador e pesquisador. Sua dissertação de mestrado sobre a ocupação das terras do sudoeste do Paraná é referência obrigatória. Foi o primeiro a incluir nas análises sobre os conflitos no campo os posseiros, isto é, as pessoas que não possuíam títulos de posse ou de propriedade, porém já habitavam as terras que os estados do Paraná e Santa Catarina doaram ou venderam às empresas colonizadoras nos séculos XIX e XX. Faleceu em 9 de janeiro de 2009 em Francisco Beltrão (PR).

[16] Na época o principal caminho para Curitiba era por União da Vitória. Atualmente essa distância é menor em torno de 480 quilômetro para as pessoas que optarem passar pelos municípios de Itapejara do Oeste, Coronel Vivida, Candói e Guarapuava pela rodovia 277.

populacional e a formação de diversas vilas no território pertencente ao município de Clevelândia, a população se mobilizou e lutou pela emancipação política no início da década de 1950. A luta deu resultados, pois pela Lei Estadual n. 790, de 14 de novembro de 1951, foram criados vários municípios no estado, sendo cinco na região Sudoeste Barracão, Capanema, Francisco Beltrão, Pato Branco e Santo Antônio. Os municípios criados em 1951 só tiveram sua instalação definitiva em 1952, com a eleição e posse dos primeiros prefeitos (Oliveira, 2022).

Uma das vilas que se destacou foi a Vila Marrecas, onde foi instalada a Cango em 1948. Com a emancipação, a Vila recebeu o nome de Francisco Beltrão. Com o passar dos anos a cidade cresceu e a localidade onde estava instalada a Cango se tornou o bairro com o mesmo nome.

A primeira administração municipal foi conduzida por Ricieri Cella[17], "[...] chegou em Francisco Beltrão em 1949 e concorreu ao cargo de 1º Executivo Municipal nas eleições de 1952, pelo PTB" (Lazier, 1977, p. 65). Pelo resultado inicial, Ricieri Cella foi considerado vencedor sendo diplomado como prefeito e tomou posse em 14 de dezembro de 1952. O candidato permaneceu no cargo por 48 dias, pois a oposição entrou com uma ação e pediu a recontagem dos votos. Após a nova apuração, foi declarado vencedor do pleito eleitoral Rubens Martins.

Naquele período, o getulismo era como uma "febre". Getúlio Vargas despertava inúmeros admiradores não apenas no Rio Grande do Sul, seu estado, mas também em outros estados da federação brasileira, como Santa Catarina e Paraná. Seu nome era uma força política emblemática inclusive em Francisco Beltrão e região. Seu partido, o PTB, naquele contexto tinham membros que disputavam espaços com outro partido, o PSD na região.

Na imagem seguinte visualizamos o primeiro prefeito de Francisco Beltrão.

[17] Ricieri Cella nasceu em Nova Prata (RS), em 17 de maio de 1917. Seus pais foram Aquiles e Josefina Ângela. Chegou em Francisco Beltrão em 1949 e disputou as eleições para o cargo de prefeito em 1952, pelo PTB. Seu concorrente foi Dr. Rubens Martins, candidato pelo PR e PSD.

Figura 5 – Prefeito Ricieri Cella (1952-1953)

Fonte: Acervo Memorial de Francisco Beltrão (2020)

Segundo Lazier (1977, p. 65):

> Ricieri Cella, candidato a prefeito pelo PTB, havia ganho as eleições e assumido a Prefeitura Municipal, no dia 14 de dezembro de 1952 teve de entregar o cargo a Dr. Rubens Martins, dia 31 de janeiro de 1953 por decisão do Tribunal Regional Eleitoral que havia apurado às 2 urnas e Dr. Rubens tinha sido o ganhador com a contagem de 38 votos no total da escrutinação. Até hoje ainda existe duas interpretações dos resultados – o PTB afirma que assim mesmo apurado essas urnas, teriam ganho, se os dois deputados da região, representantes do PTB e PSD, não tivessem negociado com o governador do Estado Bento Munhoz da Rocha; o PSD continua afirmando que os resultados do escrutínio e sua divulgação foi correta e justa. A verdade é que o primeiro prefeito de Francisco Beltrão senhor Ricieri Cella teve seu mandato de duração mais efêmero, de apenas 48 dias. Mas não guarda mágoas e prefere que não seja tocado no assunto para não reavivar certas incidências.

Como visto, Ricieri Cella ficou menos do que dois meses como chefe do executivo municipal, por determinação do Tribunal Regional Eleitoral (TRE), que fez a recontagem de votos. Devido à brevidade do seu tempo como prefeito, certamente não conseguiu tomar nem conhecimento dos problemas que o município enfrentava, muito menos fazer algum projeto para o seu desenvolvimento. O fragmento também evidencia que o episódio deixou feridas no campo político de Francisco Beltrão, pois a questão do resultado da primeira eleição não foi superada.

Secundo Lazier (1977, p. 65), o Dr. Rubens Martins[18]:

> [...] em março de 1949, foi colocado à disposição da Secretaria de Saúde do Estado do Paraná pela prefeitura de Curitiba, para atuar como médico da saúde em Marrecas, atendendo também o município de Pato Branco.

Conforme Lazier (1977), assim que chegou em Francisco Beltrão, Dr. Rubens assumiu também a Cango, ocupando o lugar do Dr. Eduardo Winther, que não permaneceu por muito tempo em Marrecas, menos de 40 dias. As demandas aumentaram nas duas localidades em que atuava, ou seja, Marrecas e Pato Branco. Havia também o atendimento dos pacientes que o procuravam no particular. Já sua esposa, Dra. Diva Martins, dedicava-se exclusivamente ao posto de saúde da rede municipal. Ressaltamos que Francisco Beltrão transformou-se em município apenas depois da posse do prefeito, antes da emancipação, era uma vila que pertenciam a Clevelândia.

Segundo Lazier (1977), não foi necessário muito tempo para o Dr. Rubens começar a despontar como importante liderança política na Vila Marrecas. Membros de vários partidos, percebendo sua capacidade de articulação, o indicaram como representante do partido PSD e PSP para concorrer ao cargo de Prefeito Municipal. De acordo com Lazier (1977), com a solicitação da recontagem de votos foi declarado vencedor pelo TRE, portanto, Rubens Martins se tornou o segundo prefeito eleito de Francisco Beltrão. A posse ocorreu em 31 de janeiro de 1953. A história demonstrou que sua gestão foi uma das que mais deixou lembrança entre os munícipes (Lazier, 1977).

Figura 6 – Prefeito Dr. Rubens Martins (1953-1956)

[18] Rubéns Martins nasceu em Curitiba (PR), em 27 de agosto de 1920. Estudou o primário em Curitiba e o secundário em São Paulo, onde morou de 1930 a 1940. Estudou medicina na Universidade Federal do Paraná. Em Francisco Beltrão foi prefeito entre 1953 e 1956. Delegado de polícia durante o levante de 1957. Em seguida retornou a Curitiba e reingressou no serviço público do município, em que exerceu a função de chefe da farmácia. Foi membro da equipe que organizou a perícia médica municipal e contribuiu enquanto funcionário público em diferentes funções via prefeitura municipal. Faleceu em Curitiba aos 81 anos, no dia 19 de julho de 2002.

Fonte: Acervo Memorial de Francisco Beltrão (2020)

Ao iniciar seu mandato como chefe do Executivo, organizou melhor as instalações da Prefeitura Municipal. Em acordo com o proprietário José Opolski, alugou a casa "ao lado da relojoaria Tic Tac, na Avenida Júlio Assis Cavalheiro, onde foi o Paço Municipal por mais ou menos dois anos, até que se construísse o prédio próprio" (Lazier, 1977, p. 67).

Para agilizar as obras da prefeitura como a construção de escolas, Dr. Rubens adquiriu um pequeno caminhão usado, "algo de muita chacota dos adversários políticos, mas que justificou, porque a Prefeitura não tinha verbas" (Lazier, 1977, p. 67). Mediante amizade e bons diálogos, sensibilizava os madeireiros do município, que ofertavam as madeiras serradas utilizadas nas construções de escolas municipais. O transporte das madeiras era feito com caminhão próprio.

Dr. Rubens trabalhou na construção de inúmeras escolas municipais. Procurou atender às demandas dos povoados existentes bem como dos novos que paulatinamente foram surgindo. Para atender à demanda de escolas, de acordo com Lazier (1977, p. 67), foram admitidas "muitas professoras [...] aproveitando o elemento humano útil de cada comunidade, que foram sendo preparadas aos poucos com aulas nos fins de semana".

O primeiro trator da prefeitura foi adquirido durante seu mandato. Era um trator da Fábrica Italiana de Automóveis de Torino (Fiat). Com ele, foram abertas todas as ruas e avenidas da cidade. Quanto aos nomes das ruas e avenidas, foram indicados os nomes dos pioneiros e fundadores. Em parceria com a Cango, foram abertas "muitas estradas no município que até aquela data não passavam de simples picadões, construindo pontes e bueiros" (Lazier, 1977, p. 67).

Durante seu mandato, foram implantadas e impostas as leis básicas da higiene que precisavam ser observadas pelos açougues que funcionavam no município. Segundo Lazier (1977), havia um relato a respeito de um açougueiro que não observava as repetidas advertências do prefeito sobre as normas básicas de higiene implantadas. Em um determinado dia, depois de várias advertências, Martins

> [...] demonstrou sua autoridade e temperamento, jogando creolina sobre a carne a ser vendida e ameaçou a repetir, caso não fossem postas em prática, de imediato, as medidas regulamentares de higiene [...] fez desmanchar casas construídas em cima da rua sendo que uma delas foi mudada pela equipe de obras do município, guarnecida por pessoas armadas, contra o gosto do proprietário que desafiava a autoridade do executivo (Lazier, 1977, p. 67).

Essa atitude se deu após ter disponibilizado uma área para a construção de um açougue em um lugar distinto e de preferência que fosse separado do local de abatimento dos animais. Para resolver esse impasse, na sua administração, "abriu o açougue municipal para atender o povo até que se inaugurou outro, dentro dos municípios requeridos" (Lazier, 1977, p. 67). Constatamos que em alguns casos, foram necessárias atitudes extremas como a autorização para desmontar casas em locais ilegais para que as coisas pudessem funcionar dentro da legalidade. Enfatizamos que Rubens Martins era médico, portanto, alguém que tinha uma base científica para organizar a administração municipal.

De acordo com Lazier (1977), Ângelo Camilotti[19] concorreu ao cargo de Prefeito Municipal em 1955. Naquele ano se lançou como candidato único obtendo o apoio de todos os partidos. Camilotti elegeu-se com mais de 3 mil votos.

---

[19] Ângelo Camilotti nasceu em 17 de junho de 1919 na cidade de Guaporé (RS). Seu pai chamava-se Gregório Camilotti e sua mãe Ermelinda Camilotti. Estudou até a primeira série do ginasial. Aos 18 anos iniciou no ramo madeireiro. Contraiu matrimônio em 4 de maio de 1944 com Maria Santinha, e tiveram seis filhos. Ângelo Camilotti chegou em Francisco Beltrão em 1954, em seguida instalou uma serraria tornando-se dono de um dos maiores complexos industriais madeireiros do Paraná. Faleceu em Francisco Beltrão, em 1º de gosto de 2016.

Na imagem que segue, visualizamos o terceiro prefeito de Francisco Beltrão Ângelo Camilotti 1956-1960.

Figura 7 – Prefeito Ângelo Camilotti (1956-1960)

Fonte: Acervo Memorial de Francisco Beltrão (2020)

No período da administração do Prefeito Ângelo Camilotti, ocorreu a revolta dos posseiros. Camilotti, ao exercer o cargo de chefe do Executivo municipal, "não podia, de maneira nenhuma, rebelar-se contra as companhias, porque ele representava o lado legal dos direitos e as companhias eram legais, eram legítimas portadoras de documentos que comprovavam seus direitos de posse das terras" (Lazier, 1977, p. 67). Diante das provas talvez e quem sabe por interesses pessoais, por ser um empresário do ramo madeireiro, Camilotti ficou neutro e não condenou as companhias nem os colonos. Conforme o mesmo autor, o Governo Federal teve que indenizar as companhias 200 milhões de cruzeiros. Chamamos a atenção para a análise feita sem qualquer crítica por Lazier da atuação do prefeito Camilotti, provavelmente porque a emprese madeireira de Ângelo Camilotti foi uma das patrocinadoras da revista.

Durante o período em que administrou o município, uma das obras mais significativas que impactou o desenvolvimento de Francisco Beltrão foi a construção da Usina no Rio Santana com 600 hp. Essa obra, por um bom tempo, resolveu o problema da energia no município e a partir dela novos avanços, como a iluminação das residências, escolas, hospitais e o comércio, o que possibilitou mais conforto e dignidade para as pessoas.

Na área da educação, "foram construídas 36 escolas, sendo 26 em convênio com o estado" (Lazier, 1977, p. 69). No campo das comunicações foram adquiridos cem ramais de telefones que foram entregues em fase final ao seguinte prefeito Walter Alberto Pécoits. Durante sua administração, manteve-se um corpo docente de 150 professores entre cidade e interior.

Na área do transporte para o escoamento da produção agrícola, bem como o trânsito das famílias, Camilotti se esforçou no trabalho de conservação das estradas. Novas estradas foram abertas, apenas quando necessárias. Na área urbana, conforme a cidade foi crescendo, as ruas foram abertas.

Um dos principais problemas educacionais da época era a formação de professores, então, as Irmãs Religiosas Escolares, do Instituto Nossa Senhora da Glória, com o apoio das autoridades municipais e estaduais, se mobilizaram para solucionar o problema. Segundo Belliato e Castanha (2022), as religiosas, ao constatarem a necessidade de investir na formação de professores, buscaram apoio da comunidade e das autoridades públicas para trazer a Escola Normal para Francisco Beltrão. Dessa forma, em 1959 foi implantada a Escola Normal Regional Nossa Senhora da Glória, que funcionou na estrutura construída na Cango, conhecida como o "Castelinho da Floresta".

Na imagem que segue, visualizamos o prédio onde funcionava a primeira escola normal para a formação de professores, instalada na Cango. Nessa instituição, foram preparados dezenas de professores regentes, que certamente contribuíram com a qualificação da educação e auxiliaram diretamente no desenvolvimento local e regional.

Figura 8 – Instituto Nossa Senhora da Glória: Local onde foi instalada a primeira escola normal de formação de professores de Francisco Beltrão - Cango (1959)

Fonte: arquivo do Instituto Nossa Senhora da Glória

Conforme Belliato e Castanha (2022, p. 713), foi "a primeira escola de formação de professores de Francisco Beltrão, a Escola Normal Regional Ginasial Nossa Senhora da Glória, mantida pelo Estado do Paraná, mas administrada pelas religiosas". Ressaltamos a relevância dessa escola, uma vez que foi a primeira instituição de ensino secundário de Francisco Beltrão, formando professores regentes de ensino.

O mandato do prefeito Ângelo Camilotti se encerrou em 1960, com a eleição do novo prefeito, o Dr. Walter Alberto Pécóits[20], que permaneceu no cargo de 14 de dezembro de 1960 até 31 de janeiro de 1963.

Segundo Lazier (1977), Dr. Walter Alberto Pécóits, enquanto médico, exerceu sua profissão como clínico geral. No início da sua trajetória, como médico, trabalhou na cidade de Erechim (RS). Segundo Lazier (1977, p. 69):

> [...] estava envolvido em política demasiadamente, e para poder dedicar-se, exclusivamente, no Campo Médico, aceitou o convite de vários amigos e clientes seu que tinham vindo a Beltrão de mudança em setembro de 1952 para simplesmente exercer sua profissão, explorando o campo hospitalar.

[20] Dr. Walter Alberto Pécoits nasceu em Santa Maria (RS), no dia 20 de dezembro de 1917. Seus pais foram Conrado e Albertina Pécoits. Dr. Walter exerceu a profissão de ferroviário no seu estado. Estudou o primário no grupo escolar Fernando Gomes, em Alto do Bronze, em Porto Alegre. Em seguida cursou o ginásio no Colégio Anchieta com os padres jesuítas. Depois ingressou no curso pré-médico no Colégio Júlio de Castilho. Estudou medicina na Universidade do Rio Grande do Sul (URGS), concluiu seus estudos em 1946. Em seguida, trabalhou como professor no Colégio Anchieta dos Padres Jesuítas de Porto Alegre. Chegou em Francisco Beltrão em 9 de setembro de1952.

Em entrevista concedida a Lazier, Walter Pécóits recordou que foi convencido por Júlio Delani para vir morar no Paraná, pois "a terra era tão boa que dava vontade de comer para convencer sobre o valor das terras da região" (Lazier, 1977, p. 69).

Logo que se instalou em Francisco Beltrão, um conhecido chamado José Petla lhe fez uma proposta de adequar o hotel recém-construído em hospital para realizar seus atendimentos. O local era estratégico por estar próximo da rodoviária. Ambos ganhariam com tal negócio. O Dr. Walter receberia dos atendimentos realizados e o Sr. Petla recebia da hospedagem dos pacientes que vinham consultar (Lazier, 1977).

Walter Pécóits resolveu estabelecer morada em Francisco Beltrão de forma definitiva, tornando-se, em 1954, médico credenciado pela Cango (Lazier, 1977). O mesmo autor destacou que os anos se passaram até que Walter Pécóits resolveu fazer outro investimento. O médico construiu um hospital ao lado da residência em que morava e equipou com motor e gerador, obtendo dessa forma energia própria.

Walter Pécoits era filiado ao PTB. Segundo Pegoraro (2015), em 1960 saiu como candidato a prefeito, sendo eleito, tornando-se o quarto prefeito do município de Francisco Beltrão. Na imagem seguinte, podemos visualizar Walter Pécoits:

Figura 9 – Dr. Walter Alberto Pécoits Prefeito entre 1960 e 1963

Fonte: Acervo Memorial de Francisco Beltrão (2020)

Walter Pécóits assumiu o cargo de prefeito em 14 de dezembro de 1960. Assim que iniciou, "reorganizou o cadastramento da cidade, de maneira efetiva; adotou o código[21] de posturas de Clevelândia nos moldes de 1925, mas que era o modelo para as prefeituras paranaenses" (Lazier, 1977, p. 69). Constatou-se que o prefeito, com sua equipe administrativa, se empenhou em criar mecanismos legais com o intuito de aumentar a arrecadação municipal para assim adquirir recursos, tendo em vista as melhorias que o município precisava. Na época Walter Pécoits era opositor do Governador Ney Braga, e por isso seus projetos eram engavetados e as verbas não chegavam no município.

Para a educação, durante a administração Pécoits, foram construídas "127 salas de aula, aumentando o número de dois mil alunos existentes para quase 12 mil em 1963 esclarecendo que na época o município de Francisco Beltrão era quase todo o Sudoeste" (Lazier, 1977, p. 69)[22]. Ainda no campo da educação, instituiu o concurso obrigatório para o cargo de professor e demitiu a maioria das professoras que atuavam na rede municipal. Essa medida procurou melhorar a qualidade da educação na rede municipal, no entanto, interferiu financeiramente na vida de muitas famílias com o desemprego e suas consequências.

Para fazer as melhorias nas estradas do interior do município e das ruas cidade, "comprou uma Patrola Caterpillar por 8.000 cruzeiros, financiando em seu próprio nome, porque a prefeitura, naquela época, não tinha crédito levando dois anos para receber o que tinha pago" (Lazier, 1977, p. 69).

A administração anterior adquiriu um trator Fiat, mas este quando Walter Pécóits assumiu estava danificado. Assim que repararam os problemas, em parceria com a Cango, a prefeitura comprou o óleo diesel para os tratores "e dando um extra aos operadores melhorou a fábrica de tubos e iniciou a troca de bueiros por tubulações encampou a pedreira de Santa Rosa e procurou conservar todas as estradas municipais" (Lazier, 1977, p. 69).

Sobre os tributos municipais, o departamento de administração da época constatou que estava desorganizado. Para sanar essa demanda, Wal-

---

[21] Diz respeito a uma lei aprovada pelo município que dispunha sobre as normas que regulavam a aprovação de projetos, o licenciamento de obras e atividades, a execução, a manutenção e a conservação no município, bem como outras providências.

[22] Claramente nessa passagem houve um exagero no texto. Em 1963, o município de Francisco Beltrão era bem maior que o atual, pois faziam parte os atuais municípios de Enéas Marques, Nova Esperança do Sudoeste, Salto do Lontra, Nova Prata e partes dos municípios de Dois Vizinhos, Verê e Itapejara, mas isso não dava nem 25% da região sudoeste do estado.

ter Pécóits "trouxe um técnico em administração pública do Rio Grande do Sul que estruturou o sistema tributário pois na época tinha 784 casas e apenas 200 pagavam impostos" (Lazier, 1977, p. 69). A partir dessa medida, a equipe do departamento de administração conseguiu reorganizar a parte de tributação. O mesmo autor demonstrou que as arrecadações aumentaram significativamente, se "em 1961 foi de 7 mil cruzeiros, em 1962 foi dia 28 mil" (Lazier, 1977, p. 113).

O prefeito Dr. Walter Pécoits, por não pertencer ao mesmo partido do governador da época, Ney Braga, não conseguia recursos para realizar investimentos para as diversas secretarias do município. Walter Pécóits não recebia nenhum tipo de auxílio financeiro do Governo do Estado, pois

> [...] naquela época todas as prefeituras deveriam ter um retorno de 20% da arrecadação do Estado pelos impostos pagos no município, chamado artigo 20, que hoje vem a ser o retorno do ICM, mas ele não recebeu porque o Governador Ney Braga, conforme declara Walter, só pagava aos prefeitos que eram do seu partido (Lazier, 1977, p. 72).

O depoimento enfatizou que na época o governador do estado beneficiava as prefeituras que eram administradas pelos integrantes do seu partido. Será que faltou habilidade política do prefeito Walter Pécóits para se dirigia ao governador? Ou era uma ação deliberada do governador em privilegiar seus partidários?

Conforme Lazier (1977), Walter Pécóits reconheceu que não foi um bom prefeito para a cidade, talvez o pior de todos. As explicações que apresentou foi que talvez tenha focado nas demandas do interior do município ou por ter ficado aguardando a chegada da Usina Chopin I (como a Usina do Rio Santana estava funcionando), não fez investimentos na área de energia elétrica e em poucas melhorias na cidade.

Em 1962, tendo em vista as eleições para deputado estadual, se licenciou para fazer campanha. Quanto à sua candidatura para deputado estadual, Walter Pécóits só aceitou o compromisso depois que o presidente da República depositou "os 200 milhões de cruzeiros pela desapropriação das terras e criando o GETSOP" (Lazier, 1977, p. 72).

No seu lugar, como prefeito interino, ocupou o cargo o vereador Paulo Borghezan, pois naquela época não havia o cargo de vice-prefeito. Segundo Pegoraro (2015, p. 113), Walter Pécoits "elegeu-se deputado estadual em 62 e teve que renunciar ao cargo de prefeito". Em 31 de março de 1963, assumiu a função de deputado. Conforme o mesmo autor, "em 16 de junho de 1963, foi realizada nova eleição, para um mandato tampão. Euclides Scalco (PTB) derrotou Olívio Rinaldi (UDN) por 4.049 x 3.479" (Pegoraro, 2015, p. 113).

Ao ocupar o cargo de deputado estadual, Walter Pécóits foi eleito vice-líder da bancada, sendo da oposição ao governador Ney Braga. Nos seus discursos tecia inúmeras críticas ao chefe do Executivo estadual, por discriminar os municípios que estavam sob a administração de outros partidos, na distribuição dos recursos do governo estadual (Lazier, 1977, p. 72).

Segundo Lazier (1977), Walter Pécóits era amigo pessoal do presidente João Goulart. Por isso, foi indicado para distribuir os primeiros títulos fornecidos pelo Getsop, em Francisco Beltrão com o governador Ney Braga. Por discordâncias políticas, o governador não aceitou dividir o espaço no palanque com o deputado e não permitiu nem que ele falasse. Pelo que tudo indica, ambos tinham o temperamento forte. Walter Pécóits se sentiu ofendido e não deixou por menos. Conforme Lazier (1977, p. 72), no outro dia "fazendo uso do grande expediente, fez o 'retrato de Ney'".

Pelos relatos ficou explicito um forte conflito entre Walter Pécoits e o governador Ney Braga. Com o golpe militar-civil em 31 de março de 1964, o governador ficou do lado e se colocou como defensor dos militares. Assim, com a decretação Ato Institucional n. 1[23] (AI1), o deputado Walter Pécoits foi cassado de seus direitos políticos em 13 de abril de 1964, voltando a dedicar-se exclusivamente ao exercício de sua profissão.

Foi durante seu mandato que se instalou e iniciou suas atividades no município o complexo Industrial Tramujas, Marques Cia Ltda., em 1962. A empresa iniciou suas atividades no seguimento de torrefação e moagem de café. Anos mais tarde, passou a ser conhecida por Café Sudoeste. A partir de 1966, iniciou uma fábrica de balas e caramelos com o potencial de produção de 12 toneladas por dia. O café industrializado pela empresa atingia 60 toneladas por mês. A empresa atendia o estado do Paraná, de Santa Catarina e a região norte do Rio Grande do Sul (Lazier, 1977).

[23] O AI-1 foi aprovado em 9 de abril de 1964. Foi um decreto emitido pela Ditadura Militar durante o governo de Artur da Costa e Silva. Foram aprovados outros: o AI-2, AI-3, AI-4 e o AI-5. O último citado foi o que teve mais repercussão. Ele foi aprovado no dia 13 de dezembro de 1968 com o intuito de consolidar o autoritarismo no Brasil entre 1964 e 1968. Foi a conclusão de um processo que visava governar o Brasil de maneira autoritária por longo prazo.

Euclides Girolano Scalco[24] foi o quinto prefeito do município de Francisco Beltrão. Administrou a cidade de 1963 a 1965. Lazier (1977), visando colher informações para analisar o seu mandato como prefeito, enviou um questionário com oito perguntas para Curitiba, uma vez que Scalco aceitou em respondê-las por escrito devido à impossibilidade de um bate papo informal. Vejamos alguns trechos desse diálogo.

> 1. V.S. é um líder político. Quando, como e por que V.S. se definiu por essa carreira? Sempre entendi que a maneira mais válida e nobre de participação na vida da sociedade é através da atuação política. Afinal de contas quem decide os destinos de uma coletividade é o político. Pois, ele é que faz a lei e ele é que administra a causa pública. Foi por isso que me decidi em participar da vida política. Tenho inclusive uma tradição familiar de participação política, pois meu Pai, teve atuação no Rio Grande do Sul, ocupando cargo de Presidente do PTB, tendo sido vereador e Prefeito Municipal de seu município. Ter participação política é uma obrigação de todo cidadão responsável. Ocupar cargos políticos, depende da vontade da coletividade a que servimos (Lazier, 1977, p. 72-73).

Pela resposta, Scalco se apresentou como um sujeito que via na política um espaço fundamental para atuar e promover transformações na sociedade. Em seu relato, ficou evidente que a classe política era/é a detentora das prerrogativas para direcionar a sociedade mediante projetos de lei aprovados. Por vivenciar essa função, sentiu-se chamado a oferecer sua contribuição enquanto ser social pensante. Sua entrevista demonstrou que a atuação na vida pública era uma obrigação de todo cidadão consciente.

Lazier interrogou sobre sua gestão como prefeito de Francisco Beltrão:

> 2. Qual foi seu período de gestão como Prefeito? Fui eleito prefeito Municipal em 16 de junho de 1963 e tomei posse no

[24] Euclides Scalco era natural da cidade de Nova Prata (RS). Ingressou na Universidade Federal em 1954 e concluiu o curso de farmácia. No seu currículo encontraram-se diversas atribuições, como presidente do Clube União em 1961, presidente da Associação Comercial Industrial de Francisco Beltrão de 1971 a 1972, vice-presidente da Federação das Associações Comerciais do Paraná em 1972, presidente da Associação de Estudos, Orientação e Assistência Rural (Assesoar) de 1965-1968 e 1972-1973, membro do Conselho de Ética do Conselho Federal de Farmácia de 1970 a 1976. Estudou Economia Agrícola na Universidade de Louvain, Bélgica. Scalco foi também membro do Diretório Regional do MDB e depois presidente estadual do mesmo partido. Foi deputado federal por mais de um mandato. Foi ministro-chefe da Casa Civil no governo Fernando Henrique Cardoso. Sem dúvida foi o político de maior destaque nacional, oriundo de Francisco Beltrão. Faleceu em 16 de março de 2021, em Curitiba.

> dia 01 de julho. Meu mandato expirou a 14 de dezembro de 1964. Na oportunidade não havia vice-prefeito, razão porque houve necessidade de eleição suplementar, pois em novembro de 1962, o Dr. Walter Alberto Pécoits, Prefeito eleito em 1960, elegera-se deputado Estadual [...] "3. Qual foi o outro candidato? Foi o Sr. Olívio Rinaldi, apoiado pelo Partido Social Democrático PSD. União Democrática UDN – e Partido Democrata Cristão PDC" [...] 4. A que se deu sua vitória? A vitória veio em função da participação ativa e efetiva dos homens que militavam no Partido Trabalhista Brasileiro PTB – que sempre estiveram do lado das classes menos favorecidas. Pois, naquela época era nosso partido que defendia o explorado agricultor contra a rapinagem das Companhias de terras. E, foi nosso partido que iniciou através da administração Walter Alberto Pécoits o atendimento às necessidades do Município, que estivera acéfala até então (Lazier, 1977, p. 73).

Naquele período, o PTB atuava na defesa dos agricultores que eram explorados pelas companhias de terras. O PTB da época era herdeiro dos ideais de Getúlio Vargas e objetivava a transformação social, cujo olhar era para todos os brasileiros, mas preferencialmente apresentava propostas para os trabalhadores que visaram humanizar as classes mais vulneráveis das periferias brasileiras. Perguntado sobre a cidade e os serviços ofertados, respondeu da seguinte forma:

> 5. Como era a cidade quando V.S. assumiu a prefeitura ao cargo de chefe do executivo. No plano econômico, social, educacional, transportes e urbanístico? Quando assumi a prefeitura municipal a cidade tinha aproximadamente 5.000 habitantes. Era um município essencialmente agrícola, com os mais graves problemas na área rural. Estradas e escolas. O Município de Francisco Beltrão de então compreendia os atuais municípios de Salto do Lontra, Enéas Marques, parte de Dois Vizinhos, Verê e Itapejara do Oeste. E, com muito sacrifício e colaboração da população, conseguimos, com uma Motoniveladora adquirida na gestão Walter Pécoits e um trator adquirido em nossa administração, manter as estradas municipais. É bom lembrar que naquele tempo o município não tinha nenhuma estrada conservada pelo DR. No aspecto educacional, com os recursos que dispúnhamos e a participação da comunidade conseguimos construir mais de 100 escolas, e com isso, podemos dar instrução às crianças do município que a partir de nossas administrações tiveram

> sala de aula para se abrigarem. No plano social, como era um município que estava nascendo pouco havia, no entretanto foi em 1964 que organizamos o DEPARTAMENTO MUNICIPAL DE ESPORTES AMADORES. – Existem até hoje. No plano urbanístico, foi em nossa gestão que se iniciou o plano diretor, com o nivelamento da Avenida Júlio Assis Cavaleiro iniciando-se na praça da matriz até o encontro da rua Luiz Antônio Faedo. Obra que no aspecto material considero ter marcado a administração. Pois, para mim, o fundamental do meu período administrativo, foi a de ter possibilitado às crianças terem escola. Conseguimos, também para Francisco Beltrão, a Unidade Armazenadora da CIBRAZEM, para possibilitar ao produtor melhores condições de armazenamento de seu produto. É de nossa obrigação reconhecer agora e em preito de gratidão, ao falecido Presidente da República João Goulart, a quem o nosso município deve a autorização para implantação (Lazier, 1977, p. 73).

De acordo com dados estatísticos no estudo realizado por Severgnini (2020), a movimentação demográfica de 1960, aponta-se que no espaço geográfico urbano do município contabilizavam-se 4.989 habitantes, no rural contabilizavam-se 50.507 habitantes. Esses dados levantados confirmam as afirmações de Scalco sobre o número de habitantes que viviam na área urbana do município. Os dados dos que habitavam nas áreas rurais demonstraram que, naquele período, Francisco Beltrão se caracterizava como um município quase que totalmente agrícola.

Ressaltamos que autores como Catellan (2014) e Severgnini (2020) afirmam que "o município de Francisco Beltrão perdeu população entre 1960 e 1970 devido ao desmembramento de outros municípios vizinhos, Marmeleiro em 1960; Enéas Marques e Salto do Lontra, em 1964" (Severgnini, 2020, p. 44).

Sobre a educação, parece ser exagerada a quantidade de escolas construídas para a instrução de crianças e adolescentes naquele período. É provável que em muitas das escolas tenha sido feita apenas algumas reformas pontuais. O número de habitantes, conforme relatado na entrevista, era em torno de 5.000 habitantes, isso só na cidade. Se somarmos os habitantes que moravam no interior, que eram em torno de 50.500, chegaremos em um total de 55.500. Considerando o total da população, havia uma escola para cada 555 habitantes. Ressaltamos também que as escolas eram isoladas ou multisseriadas (Catellan, 2014). Vale destacar que o município na época já estava todo povoado e as escolinhas eram de apenas uma sala. Parece um excesso de escolas construídas, "mais de 100 escolas" para alguém que administrou o município por apenas um ano e meio. A não ser que Scalco esteja se referindo ao seu grupo político que permaneceu por uma sequência de mandatos no município.

Podemos afirmar ainda a respeito da questão educacional, que sua administração, com o apoio das comunidades locais, contribuiu significativamente com recursos para a educação por ser uma das áreas essenciais no desenvolvimento de Francisco Beltrão. Foi no final da gestão de Euclides Scalco que o Ginásio Estadual Francisco Beltrão foi criado, certamente contou com seu apoio e envolvimento na causa.

Sobre as questões sociais, destacamos a organização no ano de 1964 do departamento municipal de esportes amadores, o que promoveu a integração das comunidades rurais via esporte, especialmente o futebol. Na mesma gestão foram articulados o planejamento urbanístico e o plano diretor, o que impulsionou o processo de modernização do aspecto urbano. Isso evidencia que a cidade começava a se projetar como polo regional.

Na imagem que segue, podemos visualizar Euclides Scalco, o quinto prefeito do município que complementou o mandato de Walter Pécoits.

Figura 10 – Prefeito Euclides Girolano Scalco (1963-1965)

Fonte: Acervo Memorial de Francisco Beltrão (2020)

Um acontecimento significativo que ocorreu durante sua gestão foi a fundação do Sindicato dos Trabalhadores Rurais Autônomos de Francisco

Beltrão, que, conforme Lazier (1977), iniciou suas atividades em 1963. O sindicato contabilizava entorno de 8 mil associados. Quanto à área de abrangência, contemplava os municípios de Itapejara, Verê, Dois Vizinhos, Salgado Filho, Salto do Lontra, Enéas Marques, Marmeleiro e Renascença. Com as emancipações dos municípios do território de Francisco Beltrão, no decorrer dos anos, os sindicatos foram se constituindo de forma independente em cada um dos novos municípios.

Foi nesse período que se constituiu a Cooperativa Mista Francisco Beltrão[25], fundada em 13 de setembro de 1964. Segundo Lazier (1977), nessa ocasião, reuniram-se em assembleia geral um total de 64 sócios fundadores sob a presidência do Sr. Albino Miechuanski, denominada Cooperativa Mista Francisco Beltrão (Comibel). Anos mais tarde transformou-se na Cooperativa Francisco Beltrão (Confrabel).

No início até adquirir sede própria, a cooperativa funcionou provisoriamente em diferentes endereços no município. De acordo com Lazier (1977), até o mês de dezembro de 1968, funcionou no antigo Bar Azul, na Av. Júlio Assis Cavalheiro, 1350. De janeiro de 1969 até 1971, atendia aos seus associados no antigo Salão Paroquial à Rua São Paulo na área central da cidade. De fevereiro de 1971 a julho de 1976, se instalou nos Escritórios do Incra, na Avenida General Osório no Bairro da Cango. A partir do mês de agosto de 1976, a cooperativa adquiriu sua sede própria na esquina da Rua Curitiba com a Elias Scalco 405, no Bairro Vila Nova.

Conforme Lazier (1977), em 1974 após quase uma década de funcionamento, a cooperativa adquiriu o primeiro armazém. Em seguida foi construído mais um armazém em Ampére com a capacidade para armazenar 120 mil sacas. Em 1975, a cooperativa deu continuidade ao seu projeto de expansão, sendo construídos mais dois graneleiros, um em Ampére e outro em Francisco Beltrão, ambos com capacidade para 300 mil sacas, cada um com a conclusão em 1976. Em 1977, foram abertos os entrepostos de atendimento em Renascença e Rio Verde no município de Marmeleiro, tendo como meta aproximação entre cooperativa e associados.

A cooperativa seguiu sua trajetória de expansão com significativas perspectivas de progresso, contribuindo com o desenvolvimento de Francisco Beltrão e região.

---

[25] A cooperativa se constituiu por uma sociedade formada por cotas de responsabilidade limitada de acordo com a lei cooperativista vigente. Sua sede e sua administração estavam situadas na cidade de Francisco Beltrão. A área de ação da cooperativa, para a admissão dos associados, abrangia os municípios de Francisco Beltrão, Ampére, Enéas Marques, Marmeleiro e Renascença. Seu prazo de duração era indeterminado.

Conforme indicou Lazier (1977, p. 70):

> Produz sementes fiscalizadas de boa qualidade nos campos dos associados. Possui Departamento Técnico e Veterinário para assistir as atividades agropecuaristas dos associados. Comercializa cereais no mercado interno e externo, comercializa suínos dos associados. Mantém Escritório de Planejamento para assistência ao crédito dos cooperados e convênio com a ACARPA, para assessoramento nas diversas atividades que a cooperativa presta aos associados. Conta atualmente com 2.340 associados.

O autor evidenciou que a cooperativa atuava em diversas áreas: na produção de sementes de qualidade, no departamento veterinário, na comercialização de cereais, escritório de assistência ao crédito bem como, o convênio com a Associação de Crédito e Assistência Rural do Paraná (Acarpa), tendo em vista o atendimento dos associados em suas demandas. Todo esse suporte demonstravam a relação dos cooperados com as atividades de produção direcionada ao mercado do agronegócio em âmbito regional, nacional e internacional. A cooperativa contava com um número significativo de associados. Esse conjunto de atividades demandada um quadro de funcionários com conhecimento técnico-científico, que só a escola secundária e superior poderia garantir.

A revista trouxe um conjunto de dados que revelaram uma variedade dos produtos agrícolas produzidos na região, como as culturas de soja, trigo, milho, feijão, arroz e suínos, que movimentaram a economia local e regional. A cooperativa também investia na produção de sementes de soja, trigo e feijão, para garantir as sementes para plantios futuros, fortalecendo assim a agricultura na região.

Feito esse destaque sobre a Confrabel e o desenvolvimento da agricultura na região, retornamos nossa análise sobre as gestões municipais.

Entre 1965 e 1969, Antônio de Paiva Cantelmo[26] foi prefeito de Francisco Beltrão, sendo candidato também pelo PTB. Segundo Pegoraro (2015), Cantelmo fez 2.632 votos e venceu Florindo Penso do PSD, que fez 2.039 votos. Durante o período em que permaneceu como chefe do

[26] Antônio de Paiva Cantelmo foi o sexto prefeito eleito para administrar o município de Francisco Beltrão. Nasceu em Itajubá, no sul do estado de Minas Gerais, em 9 de junho de 1922. Veio a convite de seu irmão e de vários conhecidos que tinham vindo ao sudoeste, como um engenheiro agrônomo Doutor Eduardo Virmond Suplicy para desbravar as ricas terras da fronteira com Argentina, cumprindo assim a solicitação do Ministério da Agricultura. Chegou em Pato Branco, contratado pela Cango, no dia 28 de junho de 1944. Com a Cango veio até Marrecas e trabalhou como encarregado do Departamento de Obras até 1956 quando saiu. Foi vereador nas gestões 1953-1956 e 1961-1964. Assumiu como prefeito em 1965-1969 e novamente em 1973-1977. Casado com Mildred Carneiro, teve cinco filhos: Eliane, Edna, Edil, Enoy e Antônio (prefeito de Beltrão na gestão 2013-2017). Faleceu em 25 de julho de 1987, em sua casa.

Executivo municipal, várias obras significativas foram realizadas que impactaram o desenvolvimento municipal, como o início da pavimentação com o calçamento das principais ruas da cidade e a construção do novo prédio da prefeitura municipal em alvenaria. Essa construção foi significativa, pois "a prefeitura havia queimado em 16 de junho de 1966" (Lazier, 1977, p. 73). No incêndio quase toda a documentação foi consumida pelas chamas e uma parte significativa de dados históricos e geográficos da administração municipal se perdeu, infelizmente.

Conforme Lazier (1977), durante o mandato de Antônio de Paiva Cantelmo, foram realizadas as primeiras instalações do Parque Miniguaçu. Construíram as praças Dr. Eduardo Virmond Suplicy, bem como a praça da Liberdade na Cango. Em 1967 aconteceu a 1ª Exposição Feira no Parque Miniguaçu da Festa Nacional do Feijão (Fenafe). Foram revisados e reformulados o Código de Postura, o Código Tributário, bem como as outras leis referentes à administração municipal.

No início de 1966 foi implantado o curso de ensino secundário, de nível colegial, com a criação da Escola Normal Colegial Estadual Regina Mundi, que funcionou no Instituto Nossa Senhora da Glória por vários anos. Em 1968 ocorreu a mudança da sede do Ginásio Estadual Francisco Beltrão, do Grupo Escolar Suplicy, também para o prédio do Instituto Nossa Senhora da Glória.

Em sua gestão vários grupos escolares foram construídos, como o Cristo Rei, o Beatriz e o Reinaldo Sass, o Centro Escolar do Distrito Jacutinga e o Grupo Escolar Frei Deodato e mais 53 escolas isoladas nas mais diversas localidades do interior do município. Para viabilizar os serviços nas ruas da cidade e nas estradas do interior, a administração adquiriu "uma moto-niveladora e dois caminhões tombeira. Foram construídas duas pontes sobre o rio Marrecas e diversas no interior, bem como, estradas foram retificadas e abertas" (LAZIER, 1977, p. 75).

Conforme Lazier (1977), durante essa administração, teve relevância o convênio entre Companhia de Energia Paranaense (Copel) e o município, em que "foi construída toda a rede de distribuição e iluminação pública da cidade. Durante sua administração o escritório local e regional da Associação de Crédito e Assistência Rural do Paraná (ACARPA) se instalou em Francisco Beltrão" (Lazier, 1977, p. 75).

Na imagem que segue podemos visualizar o ex-prefeito Antônio de Paiva Cantelmo.

Figura 11 – Prefeito Antônio de Paiva Cantelmo (1965-1969 e 1973-1977)

Fonte: Acervo Memorial Francisco Beltrão (2020)

Durante seus mandatos, diversas empresas se instalaram no município. Esse fato demonstrou parte do avanço no desenvolvimento municipal e regional, como a empresa Sudoauto, que vendia veículos novos e usados, representante da marca Chevrolet. Segundo Lazier (1977), a empresa teve início em 1968 e empregava em torno de 50 funcionários naquele período.

Outro destaque foi a Comercial Lopes Ltda., que atuava em diversos ramos do comércio como:

> Secos e Molhados, Ferragens, Miudezas em geral – Empacotamento de feijão Sudoeste e Fubá Sertanejo – Limpeza de feijão por processo eletrônico [...] Compra e Venda de Cereais – Comerciante de Sementes Especiais Comercializadas: feijão, milho, soja, trigo, cevada, sorgo, centeio e forrageiras (Lazier, 1977, p. 32).

Pelo fragmento fica evidenciado que a empresa ofertava produtos que eram utilizados pelos habitantes do município, especialmente para a população rural, pois havia o beneficiamento de produtos agrícolas a exemplo do feijão e a comercialização de uma diversidade de sementes para o plantio nas propriedades rurais.

A chegada dessas grandes casas comerciais evidencia o crescimento da cidade e a necessidade de expansão da oferta do ensino secundário para o nível colegial que acabou ocorrendo no final do ano de 1970.

Em 1969, Deni Lineu Schwartz[27] foi eleito sendo o sétimo prefeito de Francisco Beltrão. Segundo Pegoraro (2015, p. 113), Deni "que devia concorrer pelo MDB, acabou sendo o candidato de consenso, filiando-se à Arena. Dos 8.824 votantes, 6.650 (75%) votaram nele".

Deni foi uma liderança com habilidades relevantes no campo da política. Enquanto gestor, aprovou projetos significativos que impactaram diretamente o desenvolvimento local naquele período.

O primeiro passo dado na administração do Prefeito Deni Lineu Schuwartz foi a realização da reforma tributária. No que se refere à administração da prefeitura, o diferencial, conforme Lazier (1977), foi a implantação do sistema Kardex, que a partir dele foi possível obter o controle dos impostos e taxas aplicados no município. Em seguida articulou a organização da documentação do "arquivo geral com a encadernação de todos os documentos, desde 1966, quando queimou a prefeitura" (Lazier, 1977, p. 75). Na imagem que segue, visualizamos o prefeito Deni Lineu Schwartz.

Figura 12 – Prefeito Dr. Deni Lineu Schwartz (1969-1973)

Fonte: Acervo Memorial Francisco Beltrão (2020)

[27] Deni Lineu Schwartz nasceu em 19 de fevereiro de 1938 em União da Vitória (PR). Seus pais foram Leoni e Vitória Schwartz. Cursou o ensino médio no Colégio Túlio de França, na sua cidade natal. No ensino superior estudou Engenharia Civil na Escola de Engenharia da Universidade Federal do Paraná e concluiu seus estudos em 1960. Atuou como engenheiro do Departamento de Geografia Terras e Colonização (DGTC). Foi representante do governo do estado na Superintendência de Valorização da Fronteira do Paraná. Nesse mesmo período, foi representante do estado do Paraná integrando o grupo executivo para contribuir e auxiliar na resolução do problema das terras do sudoeste do Paraná na cidade de Francisco Beltrão. Schuartz foi presidente da Associação dos Municípios do Sudoeste do Paraná entre 1969 e 1973. Exerceu a função de vice-presidente do Conselho Deliberativo da Associação Brasileira dos Municípios. Foi prefeito entre 1969 e 1973. Elegeu-se deputado estadual pelo MDB por dois mandados: de 1974 a 1978 e 1979 a 1982. Atualmente reside no município de Nova Prata do Iguaçu (PR).

Durante sua gestão na área de infraestrutura, investiu na construção da estação de tratamento de água, bem como na rede de distribuição, reservatório, adutora e laboratório mediante financiamentos do fundo água e esgoto e outras parcerias. Conforme Lazier (1977, p. 75), "esta foi uma obra realizada pela Autarquia Municipal Serviço Autônomo de Água e Esgotos (SAAE) inaugurada em 8 de agosto de 1970".

No seu mandato, a educação municipal passou por um processo de reestruturação. Segundo Lazier (1977), as escolas isoladas, por não conseguirem responder mais às necessidades do cotidiano, foram substituídas pelos centros escolares. Esses centros, além de se tornarem espaços para a educação das crianças, transformaram-se em locais para encontros comunitários em que pais, professores e alunos passaram a discutir os problemas relacionados à educação como o processo de aprendizagem dos infantes e adolescentes.

Nesse contexto, surgiram as associações de pais e professores, bem como foram instalados postos do Movimento Brasileiro de Alfabetização (Mobral)[28]. Segundo Lazier, para melhorar a qualidade do ensino, Deni com sua equipe formalizou:

> [...] o contrato de pessoal qualificado por concursos de habilitação, dando-se prioridade ao professor normalista e fornecendo as condições para atuar no interior e essa nova mentalização do ensino, visava a modernização de um sistema em outras dimensões que logo mais facultaria a implantação do primeiro grau completo em todos os distritos (Lazier, 1977, p. 75).

Outras obras foram feitas, objetivando o desenvolvimento local como a ampliação do parque industrial e o asfaltamento do aeroporto municipal. Para essas obras foram feitos investimentos significativos pela administração municipal. A administração, de acordo com Lazier (1977), adquiriu e instalou um conjunto de britador, dois cavaletes, assim como formas para

[28] O Mobral desenvolvia como projeto de ensino a alfabetização funcional de jovens e adultos, cujo objetivo era direcionar as pessoas a adquirirem técnicas de leitura, escrita e cálculo como forma de integrá-la a sua comunidade, visando melhores condições de vida. O Mobral foi o programa de alfabetização instituído pelos militares em substituição ao projeto elaborado por Paulo Freire, que foi censurado com o golpe civil militar em 1964. Esse programa foi extinto no ano de 1985 e substituído pelo Projeto Educar. De todo modo, o método de alfabetização usado pelo Mobral era fortemente influenciado pelo método de Paulo Freire, utilizando-se por exemplo do conceito de "palavra geradora". A diferença é que o método de Paulo Freire utilizava palavras tiradas do cotidiano dos alunos, enquanto, no Mobral, as palavras eram definidas a partir de estudo das necessidades humanas básicas por uma equipe técnica definida pelas normas-padrão da língua culta.

a fabricação de tubos de 40, 60, 80 e 100 centímetros, mesa vibratória e formas para a confecção de meios fios e boca de lobo que foram sendo utilizados nas obras. Esses investimentos na fábrica de artefatos foram feitos também em parceria com o Getsop.

Sobre o processo de urbanização bem como as obras de infraestrutura, Lazier (1977) demonstrou que o Getsop continuou com significativas parcerias e realizou algumas doações. Deni demonstrou ser um político habilidoso e conseguia sensibilizar órgãos federais como o grupo para que apoiasse projetos e viabilizasse recursos para obras que mantinha o município em um processo permanente de desenvolvimento. Sob sua influência muito provavelmente, conseguiu diversos recursos. De acordo com Lazier (1977, p. 75):

> 2 Volkswagen, uma pá carregadeira - Michigan, uma motoniveladora Caterpillar, uma Pá Carregadeira com Retroescavadeira, um rolo compressor Tanden, um Rolo Vibratório Liso, um Rolo pé-de-carneiro, um Compressor de ar, uma perfuratriz e broca, uma caldeira para betume com aquecedor, 2 caminhões Chevrolet, um Trator Industrial CBT, um Scraper Madal e uma Motosserra.

Durante sua gestão, foram feitos investimentos em infraestrutura tanto na cidade quanto no interior. Segundo Lazier (1977), prosseguiram os projetos de abertura de ruas, serviço de pavimentação, calçamentos e o asfaltamento nas ruas do aeroporto, nos bairros Vila Nova, São Cristóvão, Cango, São Miguel Alvorada e Luther King. A cidade recebeu investimentos em plantios de árvores, nas comunidades do interior como Jacutinga, Nova Concórdia e Jacaré. Foram realizadas aberturas de estradas em várias comunidades no interior do município. Foi montada uma oficina mecânica com um posto próprio para a manutenção e lubrificação da frota municipal.

Mediante um esforço entre os prefeitos da região sudoeste, foi possível viabilizar um canal de televisão por meio de uma repetidora. Conforme Lazier (1977, p. 77), "os telespectadores não se negaram em colaborar com 100 cruzeiros por aparelho para que se efetivasse esse anseio da região".

O professor Gilberto Martins (2022) destacou em entrevista que começou a trabalhar no Cema em 1971, ou seja, durante a gestão do prefeito Deni. Segundo ele, o colégio funcionava no espaço *"onde hoje funciona o Colégio Nossa Senhora da Glória das Irmãs. Nós começamos a trabalhar já no Mário de Andrade, mas sob a responsabilidade das Irmãs Escolares".*

Na imagem que segue podemos visualizar a área central da cidade de Francisco Beltrão no início da década de 1970. À direita, é possível visualizar, em contorno azul, a estrutura do Instituto Nossa Senhora da Glória, onde funcionou provisoriamente o Cema.

Figura 13 – Visão panorâmica de Francisco Beltrão no início da década de 1970

Fonte: adaptado de arquivo pessoal de Moacir Belliato (2017)

Nela é possível visualizar as principais avenidas e ruas ainda em calçamento ou terra. Em frente à praça, encontravam-se as instalações da primeira rodoviária do município (hoje no local está o Hotel Lisbor e inúmeras salas comerciais). Ao redor desse espaço, denominado como parte da área central, podemos visualizar inúmeras residências em madeira, material vegetal comum utilizado nas construções.

Na imagem é possível visualizar alguns automóveis dentro das características da época. À direita, visualizamos duas construções com destaque em cor azul. Ali funciona o complexo escolar do Instituto Nossa Senhora da Glória. A estrutura que se pode visualizar foi construída em meados da década de 1960, sendo ampliada posteriormente. Pela imagem, percebemos que o Instituto Nossa Senhora da Glória na época se destacava na cidade, por isso foi alugada pelo estado para o funcionamento das instituições escolares. O estado do Paraná, ao constatar a enorme estrutura do Instituto Nossa Senhora da Glória, fez um convênio para transferir o Ginásio Estadual Francisco Beltrão que funcionava precariamente nas instalações do Grupo Escolar Suplicy para aquela instituição em 1968. O Ginásio Estadual Francisco Beltrão depois Cema funcionou naquele endereço da rua Tenente Camargo entre 1968 e 1977[29]. Com o decorrer dos anos, a paisagem desse espaço geográfico foi alterada completamente. No lugar das antigas residências em madeiras, foram construídos imóveis comerciais e residenciais onde moram e trabalham parte da elite empresarial beltronense.

Em 1972 ocorreram eleições municipais e Antônio de Paiva Cantelmo disputou novamente o cargo de prefeito. Segundo Pegoraro (2015), nessa ocasião, pelo MDB, Cantelmo recebeu 8.008 votos (63%) e venceu Ronaldo Antônio Correa Tramujas do partido Aliança Renovadora Nacional (ARENA I) com 3.792 e Felisberto Fernandes de Oliveira (ARENA II), com 891 votos (2015, p. 113). Seu mandato se deu entre 1973 e 1977.

Quando Cantelmo retornou à administração da prefeitura aquele órgão já estava organizado, mas precisava de ajustes em vários marcos regulatórios para consolidar a estrutura jurídica e administrativa do município. Segundo Lazier (1977, p. 77), foram criados ou revistos os seguintes documentos:

> Código de Postura, Código de Obras, Estatuto dos Funcionários Municipais, Reavaliação dos Cargos e Níveis de Retribuição Vigente no Serviço da Prefeitura, Regulamentação das Gratificações Adicionais, Regulamentação dos Concursos para o Provimento dos Cargos, Regimento Interno da Prefeitura Municipal Regulamentação dos Institutos de Promoção, do Acesso e da Transferência ao Servidores Municipais, Disposição sobre o Salário Família ao Servidores Sujeitos ao Regime Estatutário.

Na época Francisco Beltrão era uma cidade desenvolvida com uma população urbana de aproximadamente 16 mil e uma população total de cerca de 40 mil habitantes, portanto, era preciso fazer ajustes nos códigos, estatutos e regimentos para agilizar e regularizar a administração municipal. O Estatuto dos Funcionários Municipais e demais documentos com seus direitos e deveres foram elaborados durante a segunda administração de Antônio de Paiva Cantelmo entre 1973 e 1977.

---

[29] A transição dos alunos para a atual sede do Cema iniciou em 1975, mas só foi finalizada no início de 1978. Sobre essa discussão, conferir Belliato (2017) e Severgnini (2020).

Um dos itens relevantes para o desenvolvimento do município consistiu na reorganização do Sistema Fazendário, pois, ao se arrecadar mais, se abria a possibilidade da realização de mais investimentos. Segundo Lazier (1977), foi nesse período que começou a funcionar os pagamentos mediante os carnês em forma de parcelas, fluxogramas de circulação de documentos, autenticação mecânica dos documentos em caixa. Com essa medida, a equipe administrativa conseguiu obter o controle da arrecadação municipal em tributos. Ao ter noção de quanto se arrecadava, foi possível planejar e realizar investimentos em áreas estratégicas como as obras de infraestrutura, saúde e educação, o que impactou a contribuição do desenvolvimento municipal.

Para alavancar o desenvolvimento da área central da cidade, foi aprovada a lei do estímulo às construções civis mediante a isenção do imposto predial por cinco anos aos que construíssem prédios com mais de dois pavimentos. Essa medida contribuiu com a geração de empregos na construção civil e foi mais um passo concreto em prol do desenvolvimento da cidade de Francisco Beltrão (Lazier, 1977).

Durante o segundo mandato de Antônio de Paiva Cantelmo, destacamos as principais obras executadas no município. A prefeitura de Francisco Beltrão em parceria com as prefeituras da região sudoeste, mediante convênio com o Getsop, concluiu o aeroporto. Essa obra objetivou impulsionar o desenvolvimento da região ao possibilitar conexões com cidades maiores do estado do Paraná, tendo em vista o transporte de passageiros e cargas para diminuir o tempo de viagem (Lazier, 1977).

Nesse período, ampliou-se o perímetro urbano da cidade com a pavimentação de mais de 50.000 m² de calçamento de ruas, mais de 20.000 m² de calçadas e 48.000 m² em asfalto.

Na área da educação, o chefe do Executivo municipal continuou com a construção de escolas. Nessa gestão, foram construídas "5 Centros Escolares e 17 escolas e dentre elas o Colégio Estadual Mário de Andrade no Bairro Miniguaçu. Neste mesmo período foram reformadas 16 escolas e reconstruídas 14" (Lazier, 1977, p. 79).

Foi na gestão de Paiva Cantelmo que se criou a Fundação Faculdade de Ciências Humanas de Francisco Beltrão (Facibel) pela Lei Municipal n. 477 de 1974. A Facibel foi autorizada o funcionar com a oferta dos cursos de Economia Doméstica e Estudos Sociais e ocupava a estrutura física alugada do Instituto Nossa Senhora da Glória (Canterle, 2011).

O desenvolvimento foi um processo permanente em Francisco Beltrão, por isso, os investimentos nas obras de infraestrutura eram indispensáveis. Ruas e estradas continuaram sendo feitas nas áreas urbanas e rurais. Destacamos ainda nessa administração a organização do transporte coletivo e das concessionárias de táxis que operavam no município e região.

A prefeitura efetuou um convênio, dessa vez com a Cooperativa de Eletrificação Rural, para a iluminação das escolas do interior. Realizou parceria também com a Acarpa e, a partir desse convênio, foram construídos o Centro de Saúde e as instalações para a implantação do Programa Educacional Pré-município que, conforme Lazier (1977), foi inaugurado no mês de agosto de 1977, na comunidade do Jacutinga.

Paulatinamente, com a organização jurídica do município, empresas foram se instalando, como foi o caso da Indústria de Extração de Óleos Vegetais. Mediante a Lei 570/76 de agosto de 1976, a prefeitura viabilizou um terreno de 30.000m², bem como a perfuração de poço artesiano, energia elétrica, pedras britas, linha telefônica e isenção de tributos por 20 anos, para a sua instalação na região da Água Branca. Outras obras foram executadas como a Unidade Sanitária no bairro Alvorada e a Rodoviária na área central (Lazier,1977).

Em 1976 de acordo com Pegoraro (2015), João Batista Arruda[30] se candidatou a prefeito pela Aliança Renovadora Nacional (ARENA) e obteve, 10.158 votos, contra Severino Sartori do MDB, que recebeu 7.558 votos. Arruda foi eleito o nono prefeito de Francisco Beltrão e iniciou o seu mandato em 31 de janeiro de 1977.

Para Lazier (1977), Arruda foi um cidadão sem pretensões políticas, todavia, uma vez que foi indicado para ser candidato, teve habilidade política suficiente para demonstrar, tanto aos militantes da Arena, quanto parte do MDB, com isso, obteve apoio em seus projetos. Ressaltamos que Lazier possivelmente era adversário político de João Arruda por alinhar-se aos pensamentos mais de esquerda, no entanto, Arruda era o prefeito na época da publicação e possivelmente o maior patrocinador da revista. Provavelmente essa foi a principal razão dos elogios feitos à personalidade do prefeito eleito no ano jubilar do município.

---

[30] João Batista Arruda nasceu em Presidente Prudente (SP), em 26 de março de 1938. Seus pais foram João Cardoso de Arruda e Maria Tomasi de Arruda. O casal teve quatro filhos: Ana Mariele, João Batista Arruda Junior, Ana Magali e Ana Magdalena. João Batista Arruda exerceu a profissão de bancário no Banco Bradesco desde 1961. Atualmente vive na cidade de Francisco Beltrão.

Na imagem seguinte, visualizamos João Batista Arruda, o nono prefeito de Francisco Beltrão.

Figura 14 – Prefeito João Batista Arruda (1977-1982)[31]

Fonte: Acervo Memorial Francisco Beltrão (2020)

No período da gestão de João Arruda, a cidade de Francisco Beltrão estava chegando à casa dos 30 mil habitantes, portanto, se consolidou como polo regional. Ao se consolidar como polo regional, o município recebeu vários órgãos, estaduais e federais. Destacamos a seguir alguns dos órgãos que se instalaram ou se consolidaram na cidade de Francisco Beltrão no período de 1977 a 1982. Tivemos a Empresa Paranaense de Classificação de Produtos Agropecuário (Claspar), Companhia de Habitação do Paraná (Cohapar), Copel, Paraná Radiodifusão S/A (Radipar), Núcleo Regional da Secretaria de Estado da Comunicação Social e da Cultura do Estado do Paraná (Seic), 19ª Subdivisão Policial, Coordenadoria do Instituto de Previdência do Estado (IPE), 30ª Circunscrição Regional de Trânsito (Ciretran), Central de Inseminação Artificial de Suínos, Laboratório de Análise de Sementes, Escritório Regional do Instituto de Terras Cartografia e Florestas do Paraná (ITCF), Corpo de Bombeiros e a implantação do Curso de Agropecuária.

A presença das entidades instaladas no município evidenciou a garantia e o impulso no desenvolvimento municipal e regional. Francisco Beltrão

[31] Em 1980 foi aprovada uma emenda constitucional que estendeu os mandatos de prefeito até o final de 1982, para coincidir com as eleições para governadores que ocorreram no ano de 1982, os quais tomaram posse no início de 1983.

ao sediar esses órgãos públicos, despontou como referência no processo de desenvolvimento local e regional. Não há dúvidas de que a chegada desses órgãos fortaleceu o município enquanto polo regional. Este passou a oferecer serviços em áreas estratégicas para alavancar ainda mais a produção agrícola da região, com qualidade e dentro da legalidade. As entidades que se instalaram objetivaram a oferta de atendimentos e capacitação para a população das áreas rurais, tendo em vista a produção de alimentos para atender o mercado interno e externo.

Arruda demonstrou ser um político habilidoso e soube utilizar-se da oportunidade de ser do mesmo partido político do governador Jayme Canet Junior. Com isso, articulou vários projetos junto ao governador visando potencializar Francisco Beltrão como referência na região. João Batista de Arruda terminou o seu mandato em 31 de janeiro de 1981.

Em 1982, segundo Pegoraro (2015), Guiomar Jesus Lopes saiu como candidato a prefeito de Francisco Beltrão pelo MDB. Guiomar recebeu 13.070 votos, com essa votação venceu Abdo José, do PDS, com 9.204 votos, e Albino Maroneze, do PDT, com 70 votos.

Como forma de síntese trazemos um quadro com o crescimento populacional, urbano e rural do município de Francisco Beltrão entre as décadas de 1960 e 1980.

Quadro 2 – População urbana, rural e total de Francisco Beltrão entre os anos de 1960 e 1980

| POPULAÇÃO DE FRANCISCO BELTRÃO | | | |
|---|---|---|---|
| **ANO** | **URBANA** | **RURAL** | **TOTAL** |
| 1960 | 4.989 | 50.507 | 55.496 |
| 1970 | 13.413 | 23.394 | 36.807 |
| 1980 | 28.289 | 20.473 | 48.762 |

Fonte: Severgnini (2020, p. 44)

Sobre o Quadro 2, fazemos o seguinte esclarecimento: a queda da população entre 1960 e 1970 se deu pela emancipação dos municípios de Enéas Marques, Salto do Lontra e a cedência de partes do território beltronense para os municípios de Itapejara, Marmeleiro e Verê. O quadro evidenciou que ao mesmo tempo que ocorreu o aumento gradativo da população urbana, de forma concomitante, houve a diminuição populacional nas áreas rurais. O movimento de urbanização consequentemente exigiu verticalização da escolarização.

Neste item, apresentamos alguns acontecimentos históricos relacionados ao processo de emancipação e do desenvolvimento do município de Francisco Beltrão e região. Temos claro que o desenvolvimento foi potencializado pela ação do poder público, por isso, optamos por seguir a atuação/participação dos respectivos gestores municipais do período, não sendo nosso foco engrandecer ou diminuir as ações dos respectivos prefeitos, pois temos claro que a luta foi da comunidade como um todo. Ficou claro que uma grande quantia de recursos públicos foram investimentos para o desenvolvimento do município, mas temos ciência de que o direcionamento das verbas nem sempre foram voltados às necessidades da população geral, certamente alguns grupos privados foram beneficiados nesse processo. O fato concreto foi que Francisco Beltrão cresceu e passou a exigir uma verticalização da escolarização, inicialmente em nível ginasial, depois colegial e superior.

No próximo item, tratamos de algumas questões relacionadas à história do Ginásio Estadual Francisco Beltrão/Cema para poder aprofundar no entendimento do nosso objeto de investigação.

## 2.2 Do Ginásio Estadual Francisco Beltrão ao Colégio Estadual Mário de Andrade de 1964 a 1982

No início dos anos de 1960, a população já entendia que a educação de seus filhos era um direito fundamental e uma condição para crescer social e economicamente. Uma cidade para prosperar e desenvolver-se, do ponto de vista social, político e econômico, fundamentalmente precisa viabilizar à sua população uma estrutura educacional, desde a menor idade que proporcionasse os conhecimentos elementares e básicos para garantir as transformações econômicas, políticas, sociais e culturais. Nesse sentido, o Ginásio Estadual era uma necessidade, pois Francisco Beltrão já contava com uma dinâmica que exigia a verticalização da escolarização, para atender às demandas da sociedade.

O curso ginasial se constituiu num espaço privilegiado para a perspectiva de desenvolvimento regional e participou diretamente no processo de transformação do município e região ao garantir a formação humana e técnica da população que vivia nos espaços rurais e urbanos na época. Assim, a formação nas disciplinas de língua portuguesa, matemática, ciências, história e geografia dentre outros conhecimentos, ofertados para os adolescentes e jovens fizeram a diferença na vida de muitos deles que conseguiram trabalhos melhores, ou criaram seus próprios negócios.

Ao buscarmos informações sobre o Cema, encontramos a dissertação de Alisson Fernando Severgnini, defendida no Programa de Pós-graduação em Educação da Unioeste, campus Francisco Beltrão, em 2020. Severgnini realizou algumas entrevistas com antigos professores e diretores que trabalharam na instituição de ensino, visando levantar dados históricos sobre a instituição.

Na dissertação de Severgnini (2020), encontramos uma entrevista concedida pela Sra. Elaine Schmidt Neto[32] em que relatou sobre o período de fundação do Ginásio.

> Existia o La Salle[33], que deveria ser um bom colégio. Eu não conheci, mas a gente sabe que de irmãos Maristas sempre eram bons colégios. Eu estudei em colégio de freiras. Então, existia o La Salle que funcionava direitinho, mas era particular. Aí, o povo sentiu a necessidade de ter uma escola gratuita né (Severgnini, 2020, p. 64).

O La Salle era um ginásio masculino, preferencialmente para a formação dos irmãos, não era uma escola pública, mas sim confessional. O colégio das freiras que a depoente se referiu era o Colégio São José, de Curitiba, onde ela estudou. Na época, na cidade já estava consolidado o

---

[32] Nascida no Rio Grande do Sul, passou toda sua infância em Curitiba. Veio para Francisco Beltrão quando se casou com Valtrudes Silveira Neto. Graduou-se em Pedagogia após sair de Francisco Beltrão, tendo recebido convite para dirigir outra instituição de ensino em Nova Prata do Iguaçu, cargo que acabou recusando por ter assumido concurso público como cartorária também naquela cidade (Severgnini, 2020).

[33] A Sra. Elaine confundiu os irmãos La Salle com os Maristas no seu depoimento. Os Irmãos de La Salle são uma Congregação de irmãos religiosos leigos. A Congregação foi fundada por São João Batista de La Salle no ano de 1679, em Reims na França. A chegada dos irmãos Lassalistas no Brasil foi no ano de 1907. Atualmente, a rede de escolas Lassalistas está presente em 10 estados brasileiros e no Distrito Federal. A Congregação dos Irmãos Maristas, foi fundada em La Valla na França por Marcelino Champagnat em 2 de janeiro de 1817, com o Irmão João Maria Granjon e João Batista Audras. Rapidamente a congregação se expandiu, tanto que em 1836, a Igreja de Roma reconheceu oficialmente a Sociedade de Maria. Marcelino. Como a educação e a cultura da época eram precárias, os fundadores da congregação entenderam que a atuação no campo educacional poderia transformar a realidade. Os Irmãos Maristas chegaram no Brasil em 15 de outubro de 1897. Nesses mais de 2 séculos, a Congregação se expandiu e está presente em mais de 70 países dos cinco continentes. Ambas as Congregações são de origem Francesa e dedicam se à educação. Os irmãos da Congregação de La Salle não são ordenados sacerdotes. Já os irmãos Maristas, uns fazem a opção pela vida religiosa e sacerdotal, outros apenas pela vida religiosa.

Instituto Nossa Senhora da Glória, das Irmãs Escolares de Nossa Senhora que atuavam em dois locais. De acordo com Belliato (2017), na CANGO funcionava o curso primário e a Escola Normal Regional Nossa Senhora da Glória, já na rua Tenente Camargo, funcionava o Jardim de infância, o ensino primário e educação de adultos.

As escolas do Instituto Nossa Senhora da Glória já tinham se consolidado no ensino no município, no entanto, era uma instituição educativa confessional que atendia parte da população, considerada a elite beltronense na época. A maioria da população não tinha condições de arcar com as mensalidades escolares, por isso, a luta pela ampliação das escolas públicas. Essa demanda fez com que lideranças locais articulassem uma mobilização social junto às forças políticas para que se implantasse uma instituição de ensino gratuita, que atendesse as demandas de ensino secundário, pois havia muitos alunos que se formavam, anualmente, nas escolas primárias urbanas e rurais existentes em grande número na época.

As demandas populares foram atendidas, pois pelo Decreto n. 14.006, de 29 de janeiro de 1964, foi criado o Ginásio Estadual de Francisco Beltrão (Severgnini, 2020). A base legal para a criação da instituição foi a Lei 4024/61, nossa primeira Lei de Diretrizes e Bases da Educação Nacional. Ao analisarmos o Projeto Político Pedagógico do Cema (2017), encontramos a informação de que o primeiro diretor do Ginásio foi o Dr. Valtrudes Silveira Neto[34]. Conforme informou Valtrudes Neto em entrevista concedida para Severgnini (2020, p. 65):

> Na ocasião, vigorava o chamado comando político, que era exercido pelo antigo partido UDN - União Democrática Nacional, comandada pelo Dr. Paracelso Alves Pereira, advogado renomado na cidade. Terminei com sucesso uma ação cível por ele iniciada. Ao ser implantado o Ginásio, as forças políticas se digladiaram para a nomeação do diretor. Foram nomeados e rapidamente revogados vários diretores. Fui consultado pelo Dr. Paracelso, se aceitava ser diretor do Ginásio ao que respondi favoravelmente, desde que fosse coisa definitiva, pois antes houve vários diretores nomeados e rapidamente destituídos.

[34] Valtrudes Silveira Neto nasceu no município de Alfredo Wagner no Estado de Santa Catarina, no antigo distrito de Catuíra que pertencia ao município de Bom Retiro, Santa Catarina. Estudou Direito na Faculdade em Curitiba e assim que concluiu, mudou-se para Francisco Beltrão uma vez que seus pais moravam no município, onde organizou seu escritório para exercer sua profissão na cidade (Severgnini, 2020). Ele foi o primeiro diretor da instituição educativa denominada Ginásio Estadual de Francisco Beltrão. Atualmente mora em Nova Prata do Iguaçu (PR).

Pelo fragmento fica evidenciado que o comando das escolas fazia parte do jogo político da época. Os líderes dos partidos neste caso, o da União Democrática Nacional[35] (UDN) era quem nomeavam os diretores. As personalidades políticas que apoiavam o governador eram quem mandavam e desmandavam nas respectivas nomeações dos diretores das instituições públicas da cidade e, possivelmente da região. Mas qual seria a razão dessa disputa entre os partidos pelo controle das instituições públicas? Será que o objetivo tinha relação com a qualidade do ensino ou seria para poder manipular as famílias e, assim manter a hegemonia a partir de uma proposta de governo, pensando no período eleitoral? Pelo depoimento do senhor Valtrudes fica evidente que seu nome representou um consenso entre as forças políticas da época.

No nosso entendimento, a lógica era a seguinte: nomeavam-se pessoas preparadas nem que fosse em outras áreas do conhecimento, mas que compartilhavam das mesmas ideologias partidárias, neste caso da UDN. Assim, no período eleitoral, estas mesmas pessoas poderiam, de certa forma, influenciar os pais de famílias, de que determinado partido ofereceria as melhores propostas para a educação e o desenvolvimento municipal. A respeito das nomeações e revogações que aconteceram naquele cenário de controle da direção do Ginásio, a senhora Elaine, entrevistada por Severgnini, trouxe mais detalhes sobre a nomeação do Sr. Valtrudes como diretor.

> Se for para ficar eu vou. Se for para me destituírem já no dia seguinte eu não vou.". Aí ele garantiu que ele ia ficar, porque eles foram para Curitiba, no governo Nei Braga, aí falaram com Secretário de Educação e nomearam o Valtrudes. Aí o Valtrudes assumiu. Até houve uma manifestaçãozinha lá do outro lado, que não gostaram muito, mas o "Val" assumiu e o colégio começou a funcionar (Severgnini, 2020, p. 65).

Essa parte da entrevista demonstrou que Valtrudes só aceitaria a nomeação se fosse em definitivo. Por isso, as lideranças política da UDN foram até a capital do estado e conversarem com o governador e o secretário de Educação, retornando com a nomeação do senhor Valtrudes como diretor do Ginásio Estadual Francisco Beltrão.

Sobre isso, Severgnini (2020) enfatizou que a tensão que houve na instituição em torno da função de quem assumiria a direção do Ginásio demonstrou que a preocupação com o ensino era periférica. Isso porque o

[35] Foi um partido político brasileiro, fundado em 1945, de orientação conservadora e frontalmente opositor às políticas e à figura de Getúlio Vargas. Nos municípios, esse partido normalmente era constituído pela elite da cidade.

Ginásio desde o início não tinha uma sede própria. Não possuía um corpo docente constituído, claro que isso também tinha relação com o fato de tudo estar iniciando no município.

Conforme depoimento da senhora Elaine registrado por Severgnini, os profissionais liberais eram contratados para suprir a falta de professores habilitados na cidade. Essa contratação cabia ao diretor.

> Então o "Val" contratava os professores que se chamavam suplementaristas, inclusive, ele era professor, mesmo antes de eu entrar, e eles recebiam um ordenado como suplementaristas, eu também recebia. Mas a função de diretor não, era cargo de confiança. Ele mandava a lista dos professores que eram nomeados por um ano, e eles mandavam o pagamento na conta todo mês. E no outro ano tinha que contratar novamente. E como os professores eram selecionados? Na época, em Beltrão, fora os "Lassalistas", não havia muitos professores formados na área. Não tinha eu acho. Então o "Val) pegou os profissionais liberais que tinha lá, na época, praticamente no começo do desenvolvimento da cidade. Também não tinha muitos profissionais liberais. Tinha engenheiros e dentistas... então assim, pegava os engenheiros civis para dar Matemática.... Nós tínhamos um engenheiro civil que era o Deni Schwartz [...] depois veio o Eugênio que era agrônomo... [...] tinha este casal aqui de dentistas Dr. Romeu Munaretto e a Dra. Renny Munaretto, eles são de família tradicional, ela é Werlang (Severgnini, 2020, p. 66).

A entrevista elucida as dificuldades de compor a organização do primeiro corpo docente do Ginásio. Naquela época, não havia concurso público. Os professores contratados eram chamados de suplementaristas, uma espécie de Processo Seletivo Simplificado (PSS) que temos atualmente. A entrevista demonstrou que na época, como os irmãos Lassalistas eram os poucos com formação específica para atuar como docentes, foram contratados para trabalhar no Ginásio Estadual. Como o Ginásio era público, os alunos procuraram se matricular na instituição, isso, provavelmente, obrigou os Lassalistas a fecharem sua instituição.

Sobre os locais de funcionamento e a mudança do nome de Ginásio Estadual Francisco Beltrão para Cema, o depoimento do Sr. Belair Ferreira[36]

[36] Belair Ferreira nasceu em 30 de junho de 1938 no município de Irani (SC). Ele foi um dos alunos do Ginásio Estadual Francisco Beltrão (hoje Cema). Estudou na instituição entre 1967 e 1968. Embasados na informação da nota de rodapé quanto à data do seu nascimento e na entrevista, podemos afirmar que, quando concluiu o curso ginasial, estava com aproximadamente 30 anos.

deu algumas pistas, que foram possíveis de checar, confrontando com alguns documentos. Vejamos o seu relato:

> *Estudei no Mário de Andrade. Aliás antes de se chamar Mário de Andrade, era chamado Ginásio Estadual Francisco Beltrão e funcionava ali no Suplicy. Fui presidente do Grêmio em 1967. Assim que entrei, escolhemos o novo nome. Tinham-se vários nomes à disposição para escolher, mas deveria ser um nome ligado com a educação. Conversamos com o professor fundador da Escola Estadual na época que era o Dr. Valtrudes Silveira Neto. Hoje mora em Nova Prata do Iguaçu e a opção pelos alunos do Grêmio foi: Mário de Andrade. Quando foi transferido em 1968 para o Colégio das Irmãs, já foi com o nome Colégio Estadual Mário de Andrade. Então de Ginásio Estadual Francisco Beltrão, o nome mudou para Colégio Estadual Mário de Andrade* (Ferreira, 2020).

Pelas entrevistas ficou evidente que o Ginásio funcionou no Grupo Escolar Suplicy e se mudou para o Instituto Nossa Senhora da Glória. O funcionamento na estrutura do então Grupo Escolar Suplicy foi entre 1964 e 1967. O estado do Paraná alugou a estrutura do Instituto Nossa Senhora da Glória e transferiu o Ginásio Estadual para lá em 1968, permanecendo até 1974, quando teve início a transferência para a sede atual, concluída no início de 1978.

Sobre a mudança do nome da instituição, Ferreira (2020) destacou que foi solicitado aos alunos do Grêmio escolherem um nome, a partir de alguns nomes sugeridos, que poderiam ser homenageados como patrono do Ginásio. De acordo com Ferreira (2020), os alunos optaram pelo nome do escritor, poeta e historiador Mário de Andrade. A escolha de seu nome se deu porque o critério principal deveria ser de alguém ligado à educação.

Ainda conforme Ferreira (2020), quando o Ginásio em 1968 foi transferido para as instalações do Instituto Nossa Senhora da Glória, recebeu o nome de Cema. Sobre essa informação constatamos um equívoco no seu relato, pois para se chamar Colégio era necessário ofertar o curso secundário completo, na época, o colegial. A possível confusão se deu pelo fato de que o curso colegial só foi criado em 1970, quando já funcionava no Instituto Nossa Senhora da Glória. Outro fato era que o Ginásio Estadual, naquela época, funcionava também no horário noturno, para atender aos alunos que trabalhavam durante o dia. Ferreira foi um desses alunos que frequentou o Ginásio no período noturno, concluído o curso com quase 30 anos.

A imagem a seguir reproduz o convite de formatura da primeira turma do Ginásio Estadual de Francisco Beltrão do ano de 1968. Esse documento é uma prova contundente de que, no final de 1968, a instituição ainda era denominada de Ginásio Estadual de Francisco Beltrão.

Figura 15 – Convite dos Formandos do Ginásio Estadual de Francisco Beltrão (1968)

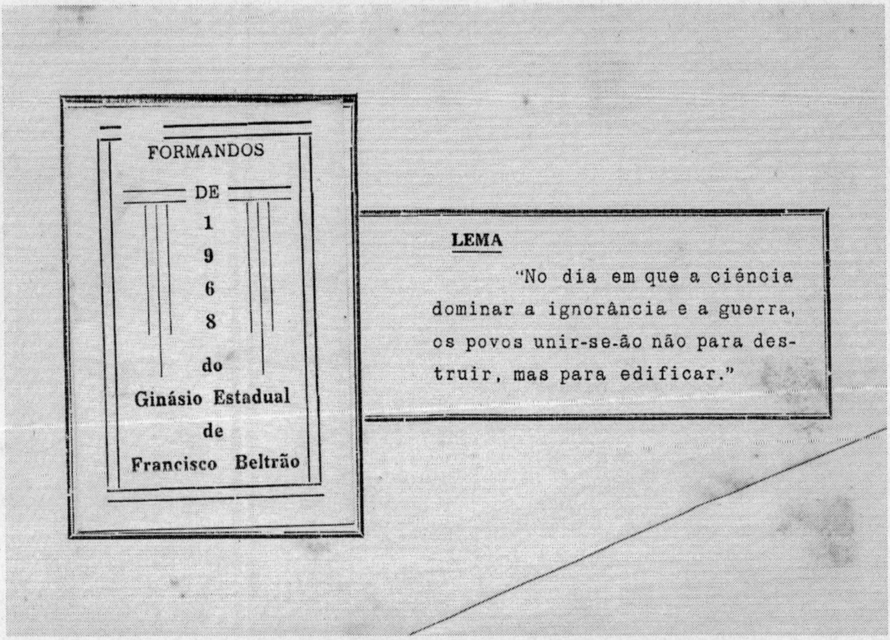

FORMANDOS
DE
1
9
6
8
do
Ginásio Estadual
de
Francisco Beltrão

LEMA
"No dia em que a ciência dominar a ignorância e a guerra, os povos unir-se-ão não para destruir, mas para edificar."

Fonte: Acervo Memorial Francisco Beltrão (2020)

O lema da turma exaltou a importância da ciência colocando-a como soberana. A ciência, entendida como conhecimento, foi vista como algo que libertava os seres humanos das trevas da ignorância, que via de regra, foi traduzida como todas as formas de violência e negligência contra os indefesos: crianças, adolescentes, idosos. Negar-lhes um dos direitos fundamentais da vida humana, o conhecimento era inaceitável.

Na imagem seguinte, visualizamos na parte interna do convite o nome do paraninfo Dr. Walter Alberto Pécoits, ex-prefeito do município, da Irmã Maria Dionísia Paese (Diretora)[37] e ao Sr. Romeu Munaretto. Ainda na parte interna, podemos visualizar a extensão do convite às famílias de cada formando bem como a programação do evento de formatura.

Figura 16 – Convite dos formandos do ginásio estadual de Francisco Beltrão (1968)

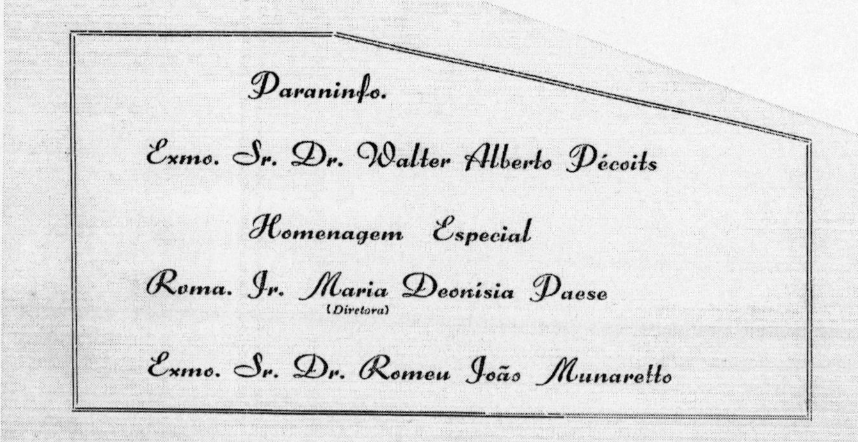

Paraninfo.

Exmo. Sr. Dr. Walter Alberto Pécoits

Homenagem Especial

Rdma. Ir. Maria Deonisia Paese
(Diretora)

Exmo. Sr. Dr. Romeu João Munaretto

**Convite**

A direção e os formandos do Ginásio Estadual de Francisco Beltrão, têm o prazer de convidar, V. Sa. e Exma. família, para, com sua honrosa presença, prestigiar as solenidades de entrega de certificados, a realizar-se no dia 8 de dezembro de 1968

Às 9 horas - missa em ação de graças na Igreja Matriz de Francisco Beltrão.

Às 20,30 horas - entrega de certificados no Clube Recreativo União.

Fonte: Acervo Memorial Francisco Beltrão (2020)

[37] Irmã Maria Dionísia Paese era natural de Maximiliano de Almeida (RS). Junto com os familiares, mudaram-se para Concórdia (SC). Quando uma Irmã entrava em uma Congregação de Religiosas, elas recebiam um nome de diferente do recebido no batismo. Por isso, na Congregação das Irmãs Escolares de Nossa Senhora, a Irmã era chamada de Irmã Arcélia. Ela é segunda entre os sete filhos do casal Dionísio e Ida Zanella Paese. Graduada em Teologia Pelo Instituto Franciscano de Petrópolis – RJ. Graduada em Pedagogia e Administração Escolar. Foi Provincial das Irmãs Escolares de Nossa Senhora da Província de São Paulo entre 1997 e 2001.

Uma das condições da transferência do Ginásio para o Instituto Nossa Senhora da Glória foi que a direção da instituição fosse assumida por uma das irmãs. O convite confirma que essa exigência foi atendida com os nomes das autoridades destacando uma homenagem à diretora da instituição de ensino.

O dia da formatura era um evento social que movimentava diferentes setores da sociedade a saber, o comércio, os meios de comunicação, o setor religioso, o artístico, entre outros, sendo um momento de comemoração da comunidade estudantil e seus familiares. Ainda no convite podemos visualizar o chamamento para o ato solene, no qual a primeira turma dos formandos do Ginásio Estadual de Francisco Beltrão recebeu os certificados. A programação da solenidade iniciava com a celebração da santa missa às 9:00 horas na Igreja Matriz, já a entrega dos certificados estava prevista para 20h30 no Clube Recreativo União. A formatura representou um salto na qualidade de vida para os jovens do município e região.

Figura 17 – Convite dos formandos do ginásio estadual de Francisco Beltrão (1968)

## Homenageados

Prof.ª Ir. Adelmara Zimmermann
Prof. Ir. Aloísio Antoni
Prof. Danilo Oscar Schiessl
Prof. Gelindo João Follador
Prof. Gentil Gilberto Brasil de Bastos
Prof. Ir. Ivo João Kummer
Prof. Ir. Leo Flach
Prof.ª Lourdes Terezinha Guancino
Prof.ª Maria Lucy Lucena Empinotti
Prof.ª Nelma Celina Campos Fernandes
Prof. Remy Nadir Roy
Prof.ª Reny Naura Munaretto
Prof. Romeu João Munaretto
Prof.ª Sara Zanini Davoglio

## Formandos

Aécio Flávio S. de Araujo
Alba Maria Moreira
Alice Andreoli (Oradora)
Altedânio Faust
Amauri Wollmann
Ana Adelaide Beal
Ana Lucia Silveira
Anattalina R. A. de Mello
Altur Klava
Aurélia Buratto
Aurora Mazzetto
Belair Ferreira
Bernadet Terezinha Miot
Carmelita Cadete da Silva
Clocy da Silva
Delva Marta Delalni
Dione Mari Gross
Edulina Artifon
Elemar Giusué Frison
Elisa Anna Wandresin
Elizabete de O. Mendes
Eloy Antunes da Silva
Éva Janete dos S. Ferreira
Filomeno Tortorá
Guilherme Paulo Karkling
Hedda de Freitas
Idone Texeira
Iraci Cella
Ivone Dalla'Vechia
Jacir José Bondan
João Carlos Ramella
Joares Romeu Figuerôa
José Rogerio Iusten
Laura Henning
Leda Maria Dallagnol
Leonir Formighieri
Lucia Debiasi
Luiz Alberto Busetti
Luiz Carlos Martini
Luiz Oscar Cardoso Costa
Maria Anita A. de Deus
Maria Arléte Freitas
Maria Elene Wandresen
Maria Sebben Perin
Neiva Lorencet
Neivo Zanini
Nelci Brugnaroto
Neli Gemelli
Nely Vandresen
Nério Todescatt
Nivaldo Küerten
Nilva Maria Comunelo
Nivaldo Wandresen
Odete Therezinha Barea
Odilon Antônio Polli
Odir João De Maman
Ogêlia Furlan
Olisses Luiz Marmentini
Paulino da Silva
Paulo de Arruda
Paulo Sérgio Sant'Ana
Rainilde T. Hillesheim
Rejanecy A. de Moraes
Remi Caetano Dall'Agnese
Rosa Lucia Follmann
Sadi Batista Salvadori
Salete Zanatta
Sérgio Mendes Ricetti
Sergio Urio
Verônica Matei Rohling
Waldir Miozzo
Waltelívio de Miranda
Warlene Ghedin
Wilson Barros de Carvalho
Zélia Salete Freitas

Fonte: Acervo Memorial Francisco Beltrão (2020)

Conforme indicado no convite entre as professoras e os professores homenageados, quatro eram ligados às comunidades religiosas, sendo três professores vindos do La Salle e uma irmã do Glória. Os demais membros do corpo docente provavelmente eram leigos cristãos católicos. Dos 14 professores, seis eram mulheres e oito homens. Quanto ao número de alunos, constatamos ser bem expressivo, considerando ser a primeira turma de formandos. Foram contabilizados 75 entre homens e mulheres. Esse quantitativo de formandos demonstrou o quanto a demanda pela formação secundária estava grande, daí a importância dessa instituição escolar para produzir resultados significativos no aspecto educacional.

Geralmente quando se pensa em educação, seja ela nas séries iniciais, nível médio ou superior, as instituições educacionais católicas, via de regra, aparecem como relevantes devido à sua trajetória histórica nos estados da federação brasileira como referência cultural e intelectual. No Paraná e mais especificamente em Francisco Beltrão, não foi diferente.

A Secretaria de Educação, ao tomar conhecimento dos investimentos em estrutura física e em material humano por parte das Irmãs Escolares de Nossa Senhora no município, buscou fazer uma parceria com as irmãs alugando parte das estruturas para o funcionamento de instituições públicas.

Assim,

> [...] a Secretaria de Educação e Cultura de Curitiba pediu às irmãs para assumir a direção do Ginásio Estadual Francisco Beltrão e que funcionasse em nosso prédio. Estava até então no prédio do Grupo Suplicy. O pedido foi aceito em 1968 IRMÃ ARCÉLIA MARIA PAESE, que tinha nomeação como professora primária, assumiu a direção do Ginásio que passou a funcionar no nosso prédio (Instituto Nossa Senhora da Glória, 1982).

O documento demonstrou que havia uma relação confiável entre a Secretaria de Educação e Cultura, e a direção do Instituto Glória por estar com uma estrutura física preparada. Após a solicitação da Secretaria de Educação, as religiosas aceitaram o desafio. Daquele momento em diante, a religiosa e professora Irmã Maria Dionísia Paese assumiu a direção. O primeiro passo, consistiu na transferência da Secretaria do Ginásio com toda a documentação escolar bem como, as turmas de alunos para as novas estruturas do Instituto Nossa Senhora da Glória. Quanto ao acordo celebrado entre a Secretaria de Educação e a Instituição Glória, não encontramos informações sobre os valores cobrados pelo aluguel. Quanto ao funcionamento do Ginásio Francisco Beltrão:

> Funcionou em 3 períodos. No mesmo ano houve a fusão com as duas escolas: Escola Normal Ginasial Nossa Senhora da Glória que já não tinha razão de existir porque foi criada a Escola Normal Colegial Regina Mundi e o Ginásio Particular La Salle foram fechados (Instituto Nossa Senhora da Glória, 1982).

Por esse fragmento fica evidenciado que o Ginásio Particular La Salle fechou em 1968 e não 1964 como apareceu anteriormente. Ressaltamos que a formação em nível ginasial ofertada pelo Ginásio Francisco Beltrão era o suficiente para garantir o acesso dos alunos ao Curso Normal ofertado pela Escola Normal Colegial Estadual Regina Mundi, não sendo mais necessária à modalidade Normal Ginasial[38]. Outra observação que chamou a atenção no fragmento foi o funcionamento do Ginásio em três período. Certamente isto representou um fluxo intenso de alunos o que aumentou significativamente o número de frequência no curso secundário. Assim, foi necessário funcionar em horário noturno, talvez pelo número excessivo de alunos ou para atender aos adultos trabalhadores, que voltaram a estudar, como foi o caso do Sr. Belair Ferreira. A oferta no turno noturno foi uma necessidade, para atender a demanda, devido a fusão de escolas que ocorreu na época.

Segundo Belliato e Castanha (2022, p. 721), a relação entre o Instituto Nossa Senhora da Glória e o estado do Paraná "possibilitou importantes contribuições que beneficiaram a educação em Francisco Beltrão e região". A Irmã Maria Dionísia Paese permaneceu na direção por um ano, depois foi para Curitiba estudar pedagogia. Em seu lugar assumiu a Irmã Barbara Zimmermann, que era concursada pelo estado, "e isso facilitou a composição de uma equipe de professores preparada para conduzir os trabalhos no Ginásio" (Belliato; Castanha, 2022, p. 723).

---

[38] Pela Portaria n. 20, de 15 de janeiro de 1968, o estado do Paraná extinguiu as Escolas Normais Ginasiais Estaduais, transformando-as em Ginásios Comuns Multidisciplinares, quando não havia Ginásio na cidade. Nas cidades onde já havia Ginásio e não a havia a demanda para uma nova instituição, os alunos das escolas normais ginasiais eram transferidos automaticamente para o Ginásio Comum Multidisciplinar. Os alunos que concluíam o curso ginasial comum poderiam se matricularem nas Escolas Normais Colegiais Estaduais normalmente. No case de Francisco Beltrão, os concluintes do curso ginasial poderiam se matricularem na Escola Normal Colegial Estadual Regina Mundi, que iniciou suas atividades no ano de 1966, também funcionando, na época no Instituto Nossa Senhora da Glória (Belliato; Castanha, 2022).

Entre 1968 e 1975, conforme Belliato e Castanha (2022), as escolas públicas estavam em situação precária, do ponto de vista tanto estrutural quanto burocrático. Na época funcionavam três ou mais instituições no Instituto Nossa Senhora da Glória e, como consequência, muitos problemas surgiram com a documentação escolar dos alunos. Boa parte da desorganização era por falta de estrutura, o que demonstrava pouco interesse por parte do estado pela educação pública. A opção por alugar o Instituto da Irmãs foi uma forma que o governo encontrou para prorrogar os investimentos em novas escolas. Essa estratégia do estado mais uma vez evidenciou que a educação pública de qualidade não era interesse do governo.

Severgnini entrevistou a professora Neide Maria Ferreira, que trabalhava como secretária na época, cargo, "para a o qual teria sido convidada pelas irmãs para organizar a 'bagunça' deixada pela antiga gestão" (2020, p. 69). Belliato e Castanha (2022) confirmam a situação ao afirmarem que as religiosas encontraram problemas sérios até implantar um ritmo satisfatório aos alunos que vieram das escolas que foram incorporadas ao Ginásio Estadual. Foi um período de adaptação às novas normas da instituição, bem como à nova estrutura curricular.

De acordo com o registro encontrado no documento Diário/Crônica História Remota de Marrecas "Em 1970 já foi criado o 2º Grau, no mesmo prédio e todo o Colégio Estadual recebeu o nome de "Colégio Estadual Mário de Andrade pela SEC" (Instituto Nossa Senhora da Glória, 1982).

Com a criação do segundo ciclo, do curso secundário no final de 1970 por meio do Decreto n. 21289, de 14 de outubro de 1970, o Ginásio Estadual de Francisco Beltrão passou a se chamar Cema, em homenagem ao importante literato brasileiro. O ciclo colegial ou curso científico/formação geral iniciou suas atividades no início de 1971, sendo organizado a partir da Lei n. 4.024/61, que organizava o ensino secundário em sete anos, quatro correspondendo ao ciclo ginasial e três ao ciclo colegial.

Aconteceu que no mesmo ano de 1971 tivemos aprovação da Lei n. 5692/71, que fez uma significativa alteração na organização do ensino. Segundo Davies (2004), a lei alterou a organização do ensino, criando a nomenclatura de 1º e 2º graus. O ensino de 1º grau correspondia a um período de oito anos. Os primeiros quatro anos denominado ciclo primário, 1ª a 4ª série e os outros quatro anos, entre a 5ª e a 8ª séries, equivaliam ao ciclo ginasial. Com o tempo a nomenclatura 5ª a 8ª série foi sendo assimilada e o termo Ginásio caindo em desuso. Como a Lei 5692/71 foi implantada gradualmente, o 2º grau só teve início no Cema a partir de 1978.

Pelo conjunto de dados que conseguimos levantar, é possível afirmar que no início da década de 1970 funcionavam na estrutura física do Instituto Nossa Senhora da Glória ao menos cinco níveis de formação. O jardim ou educação infantil e curso primário, mantidos pelas irmãs e o curso ginasial, colegial, ofertados pelo Cema e a Escola Normal Colegial Estadual Regina Mundi, ambas mantidas pelo Estado.

Sobre o uso dessa estrutura conseguimos o depoimento do professor Danilo Schissel[39], que fez o seguinte relato:

> *Naquele período, o prédio do Ginásio estava instalado nas dependências do Colégio Nossa Senhora da Glória. Se não me falha a memória no final de 1972 ou 1973 foi transferido a sede do Colégio para as novas instalações do centro. Tivemos na época, dificuldades porque o número de salas que estavam concluídas, eram bem menores ao número de turmas que existiam e que estavam matriculadas. Mas tudo foi se resolvendo graças ao empenho da Chefe do Núcleo, das autoridades constituídas, da Prefeitura, o próprio Estado e as pessoas envolvidas que trabalharam para concretização daquele Educandário* (Schissel, 2020).

O professor Schissel se referiu a falta de salas para atender à demanda, principalmente nos anos de 1972/73, quando todos os alunos do Instituto Glória que estudavam na sede da Cango (Castelo da Floresta) foram transferidos para a estrutura nova, da rua Tenente Camargo no centro. Isso levou a comunidade a pressionar as autoridades para a construção da sede própria, para a instalação definitiva do Cema. Severgnini (2020) afirmou que a construção da sede própria teve início em 1973, sendo entregues as primeiras salas no início de 1974, quando teve início a transferência de algumas turmas. A saída definitiva do Instituto Nossa Senhora da Glória ocorreu só no final de 1977.

O professor Schissel enfatizou a dificuldade de salas para abrigar todos os alunos, fato que mobilizou autoridades estaduais e municipais para resolver o problema. Há relatos de que foram distribuídas turmas no então Grupo Escolar Beatriz Biavatti e outros espaços disponíveis na cidade.

Conforme já destacado, a Lei 5.692/71 uniu o ensino primário com o ginasial instituindo o 1º Grau de oito anos de duração, 1ª a 8ª série, em caráter obrigatório. A Lei foi prevista para ser implantada de forma gradual, mas abriu a possibilidade de acelerar o processo, mediante a constituição de

[39] O professor Danilo iniciou sua carreira como professor na cidade de Getúlio Vargas no Rio Grande do Sul e veio para Francisco Beltrão no final de 1965. Ministrou aulas de Matemática no Colégio La Salle e no Mario de Andrade, tendo assumido a direção da instituição durante um período (Severgnini, 2020).

um complexo escolar, ou seja, a união de duas ou mais escolas para organizar a oferta de ensino. Tendo por base a abertura legal, as equipes diretivas do Cema, do Instituto Nossa Senhora da Glória e do Grupo Escolar Beatriz Biavatti, com o apoio das autoridades educacionais, organizaram o primeiro complexo escolar no município (Severgnini, 2020).

Segundo o Planejamento Prévio do 1º Complexo (1973), as instituições se constituíram num "bloco", que objetivava cumprir o que prescrevia a Lei 5692/71. De forma gradativa implantou-se o ensino de 1º grau reformado e começou a ser ofertado aos alunos que frequentavam o complexo. A meta era oportunizar "a formação necessária ao desenvolvimento de suas potencialidades [...] para o trabalho e para o preparo para o exercício consciente da cidadania" (Cema, 1973, p. 3-4). Nesse complexo, coube ao Instituto Glória e ao Grupo Escolar Beatriz Biavatti a oferta do ciclo primário, 1ª a 4ª séries e ao Cema a oferta de 5ª a 8ª séries. O complexo escolar possibilitou que já em 1974 o Cema abrisse 9 turmas de 5ª e 11 de 6ª séries, deixando assim de abrir vagas no curso ginasial. Como visto, o complexo escolar possibilitou ao Cema acelerar a implantação da Lei 5692/71, ofertando uma educação tido como moderna, inovadora na época.

Podemos imaginar a confusão que se passava na cabeça da equipe diretiva, dos professores e alunos em meados da década de 1970. A instituição funcionava em dois ou ter lugares (sede própria, Glória e outros) e ofertava cursos com diferentes bases legais, visto que estavam em funcionamento a 5ª a 8ª séries, regidas pela Lei 5692/71 e turmas do Ginásio e Colegial, regidas pela Lei 4024/61.

Em seu depoimento, o professor Schissel enfatizou que o Cema recebia alunos também de outros municípios, mostrando a importância da instituição para a região.

> *Na verdade, nós recebemos inicialmente no Mário de Andrade praticamente todos os estudantes que moravam em Marmeleiro. Da região, eram os que mais vinham. Tinhamos alunos de Renascença e alguns municípios mais distantes como Salgado Filho. Penso que poderia resgatar parte das informações através das atas das escolas, mas estas questões de professores dificilmente eram tratadas nessas reuniões e registrados. Porque nas reuniões pedagógicas os assuntos eram mais a respeito de projetos e pretensões que queriam na escola* (Schissel, 2020).

Ficou claro no depoimento que o Cema, enquanto instituição de ensino, exerceu um papel significativo na formação de adolescentes e jovens de Francisco Beltrão e região, atendendo também a alunos de municípios menores como: Marmeleiro, Renascença e Salgado Filho.

Para demonstra a relevância do Cema para a região, buscamos verificar quando se deu a implantação do curso secundário em alguns dos municípios próximos a Francisco Beltrão, especialmente Renascença e Marmeleiro, mediante consulta ao Projeto Político Pedagógico (PPP) das instituições. Na consulta ao PPP do colégio de Renascença encontramos que em 1965 teve início o curso Ginasial, sendo ofertado pela Companhia Nacional de Educandários Gratuitos (CNEG) e depois pela Companhia Nacional de Escolas da Comunidade (Cenc). Em 1969 houve a estadualização da instituição, com a criação do Ginásio Estadual de Renascença. Em 1981, pela resolução n. 401/81,

> [...] foi alterado a denominação de Ginásio Estadual de Renascença para Colégio Estadual de Renascença – Ensino de 1º e 2º Graus. A mesma Resolução autoriza o funcionamento, a partir de 1981, do curso de 2º Grau nas Habilitações: técnico em Magistério e Básico em administração" (Paraná, 2022).

O caso de Marmeleiro foi semelhante ao de Renascença. Em 1965 foi criado e mantido pela Campanha Nacional das Escolas da Comunidade (CNEC), nos primeiros anos com a denominação de Ginásio Manoel Ribas. Sua estadualização se deu pelo Decreto n. 21.864/70. De acordo com o PPP, a partir de 1981 ficou autorizado o curso de 2º Grau, preparando a partir daquele ano os alunos para o técnico em Magistério e o Básico em Administração. Como consta no PPP:

> Pela resolução 469/83 de 03 /05/83 foi autorizado a funcionar como Colégio Estadual de Marmeleiro – Ensino de 2º Grau, resultante da reorganização do Colégio Comercial Estadual de Marmeleiro, ficando o estabelecimento autorizado administrar habilitações: Básico em Administração e Básico em Comércio (Paraná, 2017, p. 7).

Ambos os documentos evidenciaram que em Renascença e Marmeleiro passaram a funcionar a partir do início da década de 1980. Essa constatação demonstra de forma contundente o protagonismo do Cema no atendimento aos alunos da região durante toda a década de 1970.

Em meados da década de 1970, a parceria entre o Cema e o Instituto Nossa Senhora da Glória entrou em crise. Conforme registro encontrado no Diário/Crônica História Remota de Marrecas:

> Como era fundamental a implantação do CURSO FUNDAMENTAL também em nossa escola particular, Ir. Bárbara deixou a direção do Estadual, fins de 1975, pois era incompatível o mesmo curso no mesmo prédio. A Escola Estadual passou a funcionar ainda anos no prédio nosso sob a direção de um professor leigo, Danilo Schissel, mas que não soube corresponder à confiança nele depositada (Instituto Nossa Senhora da Glória, 1982).

Havia um conflito entre o projeto educacional das Irmãs Escolares e o ensino ofertado pelo Cema. Como já enfatizado, na época, a Lei 5.692, de 1971, estava iniciando sua implantação. Como a lei estabeleceu que a sua implantação fosse de forma gradual, as irmãs decidiram que iriam instituir o curso completo de 1º grau, 1ª a 8ª séries no Instituto. Como a escola do Instituto ofertou a 1ª série em 1973, em 1976/77 já poderia iniciar a 5ª série. Como já havia a 5ª série ofertada pelo Cema, desde 1974, não teria como ter dois cursos iguais na mesma instituição. Daí a necessidade de largar a direção do Cema e assumir o projeto educacional do próprio Instituto. Assim foi chegando ao fim o convênio entre o estado e o Instituto Nossa Senhora da Glória.

Mas há evidências de que as irmãs fizeram um convênio com o município de Francisco Beltrão, para abrigar na sua estrutura educacional a Fundação Faculdade de Ciências Humanas de Francisco Beltrão (Facibel), que iniciou suas atividades em 1976, com os cursos de Economia Doméstica e Estudos Sociais. Essa parceria durou aproximadamente, dez anos[40].

Certamente, os professores mais bem preparados de Francisco Beltrão atuavam na estrutura do Instituto Nossa Senhora da Glória, até porque lá funcionavam as principais escolas mantidas pelo Estado na época. Não há dúvidas de que, nesse caso, havia uma relação ambígua entre o público e o privado, que acabou fortalecendo o nome do Instituto Nossa Senhora da Glória em Francisco Beltrão e região.

A partir daquele período, o Instituto Nossa Senhora da Glória adotou uma postura de escola particular, no sentido mais estrito do termo, com um público seleto vindo da elite de Francisco Beltrão e região, mas mantendo ainda o atendimento de alguns alunos carentes, mediante a concessão de bolsas de estudos. Na década de 1980 foi criado o curso secundário no

[40] Na Revista *Jubileu de Prata* foi publicado um anúncio da Facibel parabenizando o munícipio pelos seus 25 anos. No anúncio aparece a foto da estrutura do Glória e a seguinte frase: "A FACIBEL tornou-se o terceiro pavimento de uma única construção educacional, que visa a formação do homem, preparando-o para a vida de hoje e amanhã" (Lazier, 1997, p. 62). A frase fez uma analogia considerando o nível superior na formação (3º grau), com sua localização no terceiro pavimento do prédio do Instituto, que era voltada totalmente a educação.

Instituto Nossa Senhora da Glória, transformando-se então no Colégio Nossa Senhora da Glória.

Mesmo funcionando na estrutura do Glória, o Colégio Estadual Mário de Andrade já era uma instituição significativamente grande. Os dados que seguem com o número de matrículas dos cursos ginasial e científico (colegial) regidos pela Lei n. 4.024, de 1961 demonstram a relevância da instituição no município.

Quadro 3 – Cursos de nível secundário regidos pela Lei 4.024/61 e número de matrículas totais no Cema entre 1969 e 1978

| CURSO | ANO | Nº DE ALUNOS MATRICULADOS | CURSO | ANO | Nº DE ALUNOS MATRICULADOS |
|---|---|---|---|---|---|
| Ginasial | 1969 | 971 | Científico | 1971 | 64 |
| Ginasial | 1970 | 1074 | Científico | 1972 | 142 |
| Ginasial | 1971 | 1168 | Científico | 1973 | 153 |
| Ginasial | 1972 | 1336 | Científico | 1974 | 229 |
| Ginasial | 1973 | 1128 | Científico | 1975 | 155 |
| Ginasial | 1974 | 845 | Científico | 1976 | 225 |
| | | | Científico | 1977 | 363 |
| | | | Científico | 1978 | 158 |

Fonte: Severgnini e Castanha (2020, p. 173)

Os dados referentes às matrículas do curso Ginasial mostram uma tendência de queda em 1973 e uma queda acentuada em 1974. Esse fato tem duas explicações: a primeira diz respeito a criação do curso Ginasial nos municípios vizinhos e a segunda se deu pela oferta da 5ª e 6ª série no Cema, em 1974, dando início a implantação da Lei 5692/71 na instituição.

Quanto ao curso científico, a procura por matrículas foi aumentando ano a ano, exceto 1975 e 1978. Para a queda de 1975 não temos uma explicação lógica, mas o mais provável foi que não foi possível localizar os registros de algumas turmas, durante o levantamento de dados no Cema. Já a queda de 1978 se deu pela implantação dos cursos de 2º Grau, regidos pela Lei 5692/71. Não houve mais a oferta da 1ª série do curso científico.

Segundo Severgnini e Castanha "O número de alunos matriculados em cada curso, corresponde a soma dos alunos dos quatro anos do curso ginasial e dos três anos do curso Científico/Colegial" (2020, p. 173). Os mesmos autores afirmaram que no ano de 1979, realizou-se a formatura das últimas turmas do Curso Científico e, a partir de então, o curso foi extinto.

Como já enfatizado anteriormente, em 1974 tiveram início a 5ª e 6ª séries, no Cema, com base na Lei 5692/71. Isso foi possível pela formação do complexo escolar envolvendo o Cema, o Glória, e o Beatriz Biavatti. O complexo escolar permitiu a antecipação da implantação da Lei 5692/71. Vejamos na tabela que segue os dados sobre dessa modalidade de ensino.

Quadro 4 – Relação das turmas e número de alunos matriculados no curso de 1º grau, entre 5ª e 8ª séries, do Cema entre 1974 e 1982

| Ano | Séries/ Turmas | N. de alunos | Totais anos | Ano | Série/ Turmas | Nº de alunos | Totais anos |
|---|---|---|---|---|---|---|---|
| 1974 | 5ª - 9t | 366 | | 1979 | 5ª - 6t | 250 | - |
| 1974 | 6ª - 11t | 411 | 777 | 1979 | 6ª - 7t | 330 | - |
| 1975 | 5ª - 6t | 241 | - | 1979 | 7ª - 9t | 397 | - |
| 1975 | 6ª - 9t | 338 | - | 1979 | 8ª - 7t | 319 | 1296 |
| 1975 | 7ª - 10t | 386 | 965 | 1980 | 5ª - 9t | 379 | - |
| 1976 | 5ª - 16t | 640 | - | 1980 | 6ª - 5t | 220 | - |
| 1976 | 6ª - 10t | 416 | - | 1980 | 7ª - 6t | 282 | - |
| 1976 | 7ª - 9t | 364 | - | 1980 | 8ª - 7t | 286 | 1167 |
| 1976 | 8ª - 7t | 288 | 1708 | 1981 | 5ª - 11t | 450 | - |
| 1977 | 5ª - 10t | 412 | - | 1981 | 6ª - 6t | 241 | - |
| 1977 | 6ª - 12t | 495 | - | 1981 | 7ª - 3t | 142 | - |
| 1977 | 7ª - 8t | 354 | - | 1981 | 8ª - 2t | 98 | 931 |
| 1977 | 8ª - 10t | 422 | 1683 | 1982 | 5ª - 10t | 382 | - |
| 1978 | 5ª - 6t | 242 | - | 1982 | 6ª - 6t | 248 | - |
| 1978 | 6ª - 7t | 288 | - | 1982 | 7ª - 5t | 168 | - |
| 1978 | 7ª - 11t | 451 | - | 1982 | 8ª - 3t | 110 | 908 |
| 1978 | 8ª - 9t | 351 | 1332 | - | - | - | - |

Fonte: Severgnini (2020, p. 123)

Os dados da tabela demonstram uma significativa expansão no número de alunos matriculados entre 1974 e 1977. Nos turnos de 5ª a 8ªsérie do Cema em 1978, houve uma acentuada diminuição no número de matrículas, caindo quase pela metade se compararmos os números de 1976, com os de 1982. Mesmo assim, entre 1974 e 1982 foram realizadas mais de 10.700 matrículas no curso de 1º grau, nas turmas de 5ª a 8ª séries. Esses dados indicam o protagonismo desempenhado pelo Cema na época. A diminuição significativa no número de matrículas nos cursos de 5ª a 8ª série, a partir de 1978, se deu em razão da implantação de novas escolas que passaram a ofertar a modalidade de supletivo de 1º Graus e turmas de 5ª a 8ª séries na cidade de Francisco Beltrão (Severgnini; Castanha, 2019).

Olhando para os números da tabela, chama-nos a atenção o número de turmas em cada série e ficamos imaginando o imenso trabalho que a equipe diretiva tinha para distribuir as disciplinas e organizar os horários entre os professores.

Segundo Severgnini (2020) e Severgnini e Castanha (2020), em 1978, o Cema incorporou o Ensino de 2º grau, com três habilitações: Técnico em Contabilidade, Auxiliar de Escritório e Magistério, a partir da reestruturação no ensino secundário promovido pela Lei n. 5692/71, instituindo a profissionalização compulsória do curso de 2º grau. Ou seja, as três habilitações criadas na instituição eram profissionalizantes, não havendo mais o curso científico ou de formação geral.

Essa reestruturação promoveu uma alteração no nome do estabelecimento de Ensino, passando a denominar-se Cema – Ensino de 1º e 2º Graus, oficializada pelo Decreto n. 2252/80, da Secretaria de Estado da Educação.

O fato de se ter criado três habilitações profissionalizantes evidencia a demanda do munícipio e região pela formação profissional, visando atender ao crescimento urbano, o setor do comércio e de serviços. Evidencia também a necessidade de formação de professores para atuarem nas escolas infantis e de primeiro grau, que estavam em expansão. Novamente reproduzimos um quadro organizado por Severgnini e Castanha (2020). Vejamos:

Quadro 5 – Modalidades e número de matrículas nos cursos secundários profissionalizantes ofertados pelo Cema de 1978 a 1982

| ANO | CONTABILIDADE | AUX. DE ESCRITÓRIO | MAGISTÉRIO | TOTAL |
|---|---|---|---|---|
| 1978 | 310 | 195 | 84 | 589 |
| 1979 | 446 | 281 | 148 | 875 |
| 1980 | 523 | 374 | 178 | 1075 |
| 1981 | 627 | 528 | 120 | 1275 |
| 1982 | 667 | 386 | 162 | 1215 |

Fonte: adaptado de Severgnini e Castanha (2020, p. 177)

Os dados evidenciam a grande procura pelos cursos ligados às atividades comerciais, evidenciando a dinâmica que a cidade e região estavam vivenciando, ou seja, um rápido processo de urbanização, com a abertura de diversas empresas nos mais variados ramos comerciais.

Severgnini (2020) trouxe quadros bem detalhados sobre a matrícula no curso Científico e nos cursos profissionalizantes de Contabilidade, Auxiliar de Escritório e Magistério. Chamou-nos a atenção a percentagem de 35 a 40% de repetência, desistentes ou abandono nos respectivos anos. Isso revelou as condições enfrentadas por um grande número de alunos trabalhadores que frequentavam o Cema na época. Muitos alunos precisaram conciliar trabalho e estudo diariamente para poder buscar uma vida melhor. Alguns conseguiram concluir o curso em três anos, outros precisaram de quatro, cinco ou mais anos. A partir dos dados reunidos por Severgnini (2020), podemos fazer chegar a seguinte constatação: o Cema foi uma escola que sempre atendeu os filhos da classe trabalhadora.

Severgnini e Castanha (2020) organizaram um quadro síntese com as matrículas totais no Cema entre 1970 e 1982. Ele evidencia o tamanho da instituição naquele período:

Quadro 6 – Totais de matrículas em todos os cursos ofertados pelo Cema nos respectivos anos, entre 1970 e 1982

| ANO | 1970 | 1972 | 1974 | 1976 | 1978 | 1980 | 1982 |
|---|---|---|---|---|---|---|---|
| **Total de matrículas** | 1047 | 1478 | 1890 | 1933 | 2109 | 2242 | 2123 |

Fonte: Severgnini e Castanha (2020, p. 177)

Ficou claro um progressivo crescimento das matrículas até 1980. Todavia, a queda apresentada entre 1980 e 1982 já expressa a tendência de queda no número das matrículas a partir de então, mas ela se deu por uma boa causa. No início da década de 1980 tivemos a criação de novas curso de 5ª a 8ª séries em Francisco Beltrão e de 2º Grau na região.

Segundo Severgnini (2020, p. 140), em 18 de outubro de 1982 foi aprovada a Lei 7.044, que "alterou os dispositivos da Lei 5692, de 11 de agosto de 1971, referentes exatamente, à obrigatoriedade do ensino profissionalizante de 2º grau, possibilitando o retorno do curso científico ou propedêutico de formação geral". Conforme o mesmo autor, a partir das alterações realizadas pela Lei 7.044/82, as instituições escolares de 2º grau não eram mais obrigadas a ofertar, de forma compulsória, o ensino profissionalizante. A Lei definiu que "as disciplinas poderiam sofrer alterações ou substituições desde que o regimento escolar as apresentasse como tendo valor formativo equivalente àquela que foi substituída" (2020, p. 141). Assim, com a Lei 7.044/82, promulgada no governo de João Batista Figueiredo, o último presidente do regime militar, foi reestabelecida a formação dos discentes no âmbito geral e propedêutica. A Lei abriu a possibilidade de as instituições abandonarem a formação profissionalizante, voltando a ofertar a formação científica, direcionada a preparação para o ingresso no ensino superior. A nova Lei desobrigou o ensino técnico profissionalizante de 2º grau, mas não impediu que as instituições continuassem a ofertá-los, caso desejassem, por isso apresentou diretrizes para a orientação da manutenção da modalidade de ensino, caso as instituições assim desejassem.

Segundo Severgnini e Castanha (2020, p. 178), "a partir desta lei, o CEMA voltou a oferecer o curso de educação geral, mas manteve os cursos técnicos profissionalizantes". O fato é que o Cema foi a única instituição pública a ofertar o 2º Grau (Ensino Médio) em Francisco Beltrão até o final da década de 1980.

Ao finalizarmos o segundo capítulo, colocamos em evidência como se desencadeou o processo de desenvolvimento do município de Francisco Beltrão. Empresas foram gradativamente se instalando no município bem como serviços públicos para impulsionar o comércio, a agricultura e a indústria no município região. Por aqui chegaram as entidades para prestar serviços públicos em diversas áreas: agricultura, segurança, trânsito e outros.

Também procuramos historiar a origem e instalação do Ginásio Estadual Francisco Beltrão, até sua transformação no Cema. Vimos que sua instalação esteve relacionada às articulações e pressão da população local, que reivindicava escolas públicas, uma vez que as demandas estavam aumentando. Apontamos os cursos ofertados pela instituição bem como os números significativos de matrículas realizadas entre 1969 e 1982. Os dados apresentados demonstraram a relevância do Cema no processo de escolarização de adolescentes e jovens em Francisco Beltrão e região, no período analisado.

No terceiro capítulo, tratamos sobre as bases legais da disciplina de Geografia e os encaminhamentos para o ensino de Geografia no Cema.

# CAPÍTULO III

# O COLÉGIO ESTADUAL MÁRIO DE ANDRADE E O ENSINO DE GEOGRAFIA

Neste terceiro capítulo, indicamos a fundamentação das bases legais para o ensino de Geografia no Brasil, assim como as metodologias desenvolvidas no processo de ensino. Em seguida, tratamos das questões relacionadas às mudanças ocorridas no ensino de Geografia no Brasil, resultando na transição do foco de uma abordagem que privilegiava os aspectos físicos para uma leitura mais crítica da realidade.

Por fim, buscamos demonstrar o desenvolvimento do projeto educacional no Cema e como os professores ensinavam Geografia naquela instituição.

## 3.1. As bases legais do ensino de Geografia

Neste item, discutimos as questões relacionadas à legalidade do ensino de Geografia. No que diz respeito à educação no Brasil, a presença dos padres jesuítas foi marcante desde o início da instalação e colonização do império português. Sua influência foi tão significativa que, ainda hoje, é possível encontrar ruínas, templos, escolas e universidades impregnadas de história, revelando o protagonismo do processo educacional implementado por essa ordem nos diversos espaços geográficos do território brasileiro, indo de Norte a Sul e de Leste a Oeste. Conforme destacado por Chagas (1978, p. 1)

> [...] os jesuítas exerceram a mais poderosa influência externa que se registra na formação da sociedade brasileira. A sua privilegiada condição de delegados do governo português, que afastava outras iniciativas mesmo eclesiásticas, o seu indiscutível preparo intelectual psicológico para a missão e a sua proverbial habilidade política fizeram - que sob a tríplice proteção da Coroa, da Igreja e da família patriarcal - eles não apenas monopolizassem a instrução de todos os níveis como se constituíssem os principais, senão únicos mentores intelectuais e espirituais da Colônia.

O autor ressaltou o significativo poder de influência da Companhia de Jesus, atribuindo-o ao potencial intelectual e psicológico de seus membros na contribuição educacional durante o período colonial no Brasil. De acordo com Chagas, os clérigos jesuítas possuíam uma habilidade política relevante. O poder de persuasão desses membros era tão marcante que outras congregações católicas não conseguiam participar do processo educacional, devido aos acordos estabelecidos entre a Coroa Portuguesa, a Igreja Católica e os Jesuítas na época.

Conforme mencionado pelo mesmo autor, os membros da Companhia de Jesus detinham o monopólio da educação, abrangendo desde o nível primário até o superior. Os jesuítas desempenhavam um papel crucial na articulação dos aspectos intelectuais e espirituais da colônia portuguesa estabelecida no Brasil desde o século XVI.

A quebra do monopólio, como observou Chagas, veio do movimento iluminista quando o Marquês de Pombal[41] esteve à frente do governo português. Naquele contexto evidenciou-se como articulador o Padre Luiz Antônio Verney, a partir da publicação da obra "O Verdadeiro Método de Estudar para ser útil à República e à Igreja". Esta obra transformou-se na base legal, na "bíblia" para as reformas pombalinas (Chagas, 1978, p. 7). As reformas pombalinas instituíram as chamadas aulas régias públicas, mas nenhuma delas tinha o foco voltado para algum ramo da Geografia. Com isso a Geografia só foi inserida no ensino formal no Brasil a partir do século XIX.

Conforme Castanha (2013, p. 98), a Decisão n. 443 determinada pelo Império, de 16 de agosto de 1833, tornou público:

> Às Câmaras Municipais da Província do Rio de Janeiro, ordenando que façam observar nas Escolas Públicas de primeiras letras as noções elementares de geografia, traduzida por um Brasiliano nas segundas, terças, quintas e sextas-feiras.

Esta informação é significativa, pois confirma a presença da matéria de Geografia naquele período.

---

41 Sebastião José de Carvalho e Melo nasceu no dia 13 de maio de 1699 na cidade de Lisboa, Portugal. Foi embaixador na Áustria e Inglaterra. Foi o ministro do reinado de Dom José entre 1750 e 1777. Em 1759 confiscou os bens da Companhia de Jesus e expulsou os religiosos do Brasil. Faleceu na cidade de Pombal, Portugal, em 8 de maio de 1782.

De acordo com Castanha (2013), em 1854 foi aprovado o Decreto 1.331A, que regulamentou a reforma do ensino primário e secundário do município da corte imperial. O artigo 47, da referida reforma, estabeleceu toda a programação do novo formato do ensino primário nas Escolas Públicas da Corte. No quadro seguinte, visualizamos a grade curricular do ensino primário das escolas públicas do Império.

Quadro 7 – Grade Curricular do ensino primário das Escolas Públicas do Império

| **Primeira Parte: O ensino primário nas escolas públicas compreende:** |
|---|
| A instrução moral e religiosa |
| A leitura e escrita |
| As noções essenciais de gramática |
| Os princípios elementares da aritmética |
| O sistema de pesos e medidas do município |
| **Segunda Parte: Pode compreender também:** |
| O desenvolvimento da aritmética em suas aplicações práticas |
| A leitura explicada do evangelho e notícia da história Sagrada |
| **Os elementos da história e geografia, principalmente do Brasil** |
| Os princípios das ciências físicas e da história natural aplicáveis aos usos da vida |
| A geometria elementar, agrimensura, desenho linear, noções de música e exercícios de canto, ginástica, e um estudo mais desenvolvido do sistema de pesos e medidas, não só do município da Corte, como das províncias do Império, e das Nações com que o Brasil tem mais relações comerciais |

Fonte: Castanha (2013, p. 131)

Ressaltamos que no Decreto n. 1331A, de 1854, não havia a especificação dos conteúdos das disciplinas, apenas um roteiro programático. Isso leva a entender que o professor possuía certa liberdade para a preparação dos conteúdos a serem trabalhados em sala de aula. Naquela época, apenas um professor era responsável por todas as disciplinas.

Segundo Castanha (2013), pela Decisão n. 77 do Império, de 6 de novembro de 1883, foi aprovado o regimento interno para todas as escolas públicas primárias da Corte. O Artigo 48, inciso 8º, estabeleceu o seguinte:

> Exercícios de geografia e história do Brasil. O professor começará por orientar os alunos na sala de aula, indicando-lhes os quatro pontos cardeais. Passará sucessivamente a ensinar-lhes a posição do edifício na rua, e deste na freguesia. Organizará no quadro preto o mapa topográfico da mesma, e habituará o aluno a conhecê-lo, e reproduzi-lo em mapas parciais. Ensinará a posição da freguesia no município neutro, o número das freguesias deste, a sua população, e os dados estatísticos e corográficos mais importantes. Depois de obtidos esses conhecimentos gerais, mostrará a relação em que administrativamente se acha o município neutro com as províncias do Império, o número destas, suas capitais, e acidentes geográficos mais notáveis quanto aos rios, montanhas, lagos, portos etc. As noções históricas acompanharão, em forma de explicação, as lições de geografia (Castanha, 2013, p. 278).

Castanha (2013) destacou que os conhecimentos geográficos iniciavam a partir da terceira classe. O professor responsável pela disciplina tinha como ponto de partida os pontos cardeais em que a referência era a localização da Escola, depois, a freguesia. O professor abordava também assuntos relacionados à estrutura política e administrativa do império. Vinculado à estrutura política imperial, o professor apresentava aos alunos as características geográficas específicas das várias regiões do Império. No que se referia à disciplina de história, esta era trabalhada concomitante à geografia, mas o documento não trouxe as indicações dos conteúdos específicos a serem trabalhados.

A aprovação do regulamento de 1883 pode ser considerado um avanço do ponto de vista educacional da Geografia, pois estruturou um plano de ensino que organizou e determinou os conteúdos para a disciplina de Geografia nas escolas públicas do império. No nosso entendimento, este passo significou mais organização e padronização no ensino a partir de então.

O ensino primário e secundário no Brasil seguiu sua trajetória de articulação. Segundo Belliato (2017, p. 121), com a chegada de Getúlio Vargas e seu grupo ao governo na década de 1930,

> [...] as questões educacionais passaram a ter uma perspectiva mais nacional. Essa ideia foi reforçada pela difusão do Manifesto dos Pioneiros da Educação de 1932, que também defendia que o governo federal definisse as diretrizes da Educação. No governo Vargas, ganhou destaque no campo educacional,

o ministro Gustavo Capanema, que permaneceu no cargo entre 1934 e 1945. A partir de 1942 teve início a chamada Reforma Capanema ou Leis Orgânicas, que se efetivaram num conjunto de oito decretos-leis editados entre os anos de 1942 e 1946 abrangendo os ramos do ensino primário, ensino secundário e da formação profissional.

De acordo com Belliato (2017), durante o governo Vargas, foram promulgadas oito leis orgânicas entre 1942 e 1946, sendo o Decreto-Lei 4.244, de 9 de abril de 1942, de particular destaque por instituir a lei orgânica do ensino secundário. Conforme estabelecido no referido decreto:

> Art. 1º O ensino secundário tem as seguintes finalidades: 1. Formar, em prosseguimento da obra educativa do ensino primário, a personalidade integral dos adolescentes. 2. Acentuar a elevar, na formação espiritual dos adolescentes, a consciência patriótica e a consciência humanística. 3. Dar preparação intelectual geral que possa servir de base a estudos mais elevados de formação especial (Brasil, 1942).

Como evidenciado, o Decreto-Lei definiu as finalidades do ensino que consistia na formação da personalidade integral dos adolescentes e jovens oferecendo-lhes uma "acentuada formação" espiritual, patriótica, humanística e intelectual nos moldes dos países europeus. Essa formação possibilitou aos jovens brasileiros, principalmente das classes média e alta, um tirocínio aos estudos futuros, mais "aprofundados" e específicos que diretamente beneficiaria à camada privilegiada da sociedade brasileira. Segundo o Decreto-Lei, o ensino secundário estava organizado da seguinte forma:

> Art. 2º O ensino secundário será ministrado em dois ciclos. O primeiro compreenderá um só curso: o curso ginasial. O segundo compreenderá dois cursos paralelos: o curso clássico e o curso científico.
>
> Art. 3º O curso ginasial, que terá a duração de quatro anos, destinar-se-á a dar aos adolescentes os elementos fundamentais do ensino secundário.
>
> Art. 4º O curso clássico e o curso científico, cada qual com a duração de três anos, terão por objetivo consolidar a educação ministrada no curso ginasial e bem assim desenvolvê-la e aprofundá-la. No curso clássico, concorrerá para a formação intelectual, além de um maior conhecimento de filosofia,

> um acentuado estudo das letras antigas; no curso científico, essa formação será marcada por um estudo maior de ciências (Brasil, 1942).

Pelo Decreto-Lei, ficou evidente que o curso ginasial objetivava propiciar uma formação geral dos adolescentes e jovens sobre um conjunto de conhecimentos. Já os cursos clássicos e científicos eram direcionados para uma formação intelectual, tendo em vista possibilitar aos jovens o ingresso nos cursos superiores. O curso clássico centrava-se mais nas humanidades e o científico nas ciências exatas e naturais. Quanto ao tempo, ambos duravam três anos. Os cursos tinham como finalidade solidificar o ensino ofertado no curso ginasial e aprofundá-lo. O curso clássico ofertado pelas escolas públicas conduzia os alunos a uma formação de caráter mais intelectual. Ainda, ofertava um direcionamento no conhecimento de cunho filosófico. Para isso, estava vinculado ao estudo das línguas antigas. O Artigo 4º não definiu, mas subentende-se que eram o Grego e o Latim. O curso científico oferecia uma formação voltada para as ciências. Tratava-se de uma escola direcionada aos interesses das classes médias. A grande parte da população, se quer chegava a concluir a escola primária.

O Artigo 5º do Decreto-Lei definiu os tipos de estabelecimentos que poderiam ofertar cada um dos cursos.

> Art. 5º Haverá dois tipos de estabelecimentos de ensino secundário, o ginásio e o colégio.
>
> § 1º Ginásio será o estabelecimento de ensino secundário destinado a ministrar o curso de primeiro ciclo.
>
> § 2º Colégio será o estabelecimento de ensino secundário destinado a dar, além do curso próprio do ginásio, os dois cursos de segundo ciclo (Brasil, 1942).

Ao analisarmos a Lei, podemos concluir que a criação de uma instituição se iniciava pelo Ginásio, cujo ingresso do aluno era mediante a realização de um exame de admissão. Depois de completado os quatro anos, ou seja, quando havia um grupo de alunos formados no ciclo Ginasial, se criavam as condições para a criação do Colegial. No quadro seguinte, podemos visualizar a grade curricular do curso ginasial de 1942.

Quadro 8 – Grade Curricular do Curso Ginasial: 1942

| I. Línguas | II. Ciências | III. Artes |
|---|---|---|
| 1. Português | 5. Matemática | 11. Trabalhos manuais |
| 2. Latim | 6. Ciências naturais | 12. Desenhos |
| 3. Francês | 7. História Geral | |
| 4. Inglês | 8. História do Brasil | |
| | **9. Geografia Geral** | |
| | **10. Geografia do Brasil** | |

Fonte: Brasil (1942)

Entre as disciplinas previstas no artigo 10, do Decreto-Lei 4.244/42, para o curso do ciclo ginasial, destacamos as disciplinas de Geografia Geral e a Geografia do Brasil como parte integrante da grade curricular.

> Art. 11. As disciplinas indicadas no artigo anterior terão a seguinte seriação:
>
> Primeira série: 1) Português. 2) Latim. 3) Francês. 4) Matemática. 5) História geral. **6) Geografia geral.** 7) Trabalhos manuais. 8) Desenho. 9) Canto orfeônico. Segunda série: 1) Português. 2) Latim. 3) Francês. 4) Inglês. 5) Matemática. 6) História geral. **7) Geografia geral.** 8) Trabalhos manuais. 9) Desenho. 10) Canto orfeônico. Terceira série: 1) Português. 2) Latim. 3) Francês. 4) Inglês. 5) Matemática. 6) Ciências naturais. 7) História do Brasil. **8) Geografia do Brasil.** 9) Desenho. 10) Canto orfeônico. Quarta série: 1) Português. 2) Latim. 3) Francês. 4) Inglês. 5) Matemática. 6) Ciências naturais. 7) História do Brasil. **8) Geografia do Brasil** 9) Desenho. 10) Canto orfeônico (Brasil, 1942, grifo nosso).

O Artigo 11 apresentou a distribuição das disciplinas de acordo com cada série do primeiro ciclo do curso ginasial. Na primeira e segunda série, estudavam entre as disciplinas previstas a Geografia Geral. Na terceira e quarta série, estudavam a Geografia do Brasil, ou seja, a Geografia estava presente nas quatro séries do curso ginasial. No quadro seguinte visualizamos as disciplinas do Ensino Secundário dos Cursos Clássico e Científico de 1942.

Quadro 9 – Grade Curricular do Ensino Secundário dos Cursos Clássico e Científico: 1942

| **I. Línguas:** | **II. Ciências e filosofia:** | **III. Artes:** |
|---|---|---|
| 1. Português | 7. Matemática | 16. Desenho |
| 2. Latim | 8. Física | |
| 3. Grego | 9. Química | |
| 4. Francês | 10. Biologia | |
| 5. Inglês | 11. História geral | |
| 6. Espanhol | 12. História do Brasil | |
| | **13. Geografia geral** | |
| | **14. Geografia do Brasil** | |
| | 15. Filosofia | |

Fonte: Brasil (1942)

As disciplinas previstas para o curso do segundo ciclo, isto é, o clássico e o científico, eram quase todas comuns. No entanto, conforme o Artigo 13, a disciplina de Latim e Grego eram ensinadas apenas no curso clássico. A disciplina de Desenho era ensinada no curso científico. As disciplinas de Geografia Geral e Geografia do Brasil estavam inseridas nos dois cursos: o clássico e científico.

De acordo com o artigo 14 do Decreto-Lei 4.244/42, as disciplinas estavam distribuídas da seguinte forma no curso clássico: Latim e Grego nos três anos. Espanhol em dois anos.

> Art. 14. As disciplinas constitutivas do curso clássico terão a seguinte seriação:
>
> Primeira série: 1) Português. 2) Latim. 3) Grego. 4) Francês ou inglês 5) Espanhol. 6) Matemática. 7) História geral. **8) Geografia geral**. Segunda série: 1) Português. 2) Latim. 3) Grego. 4) Francês ou inglês 5) Espanhol. 6) Matemática. 7) Física. 8) Química. 9) História geral. **10) Geografia geral.** Terceira série: 1) Português. 2) Latim. 3) Grego. 4) Matemática. 5) Física. 6) Química. 7) Biologia. 8) História do Brasil. **9) Geografia do Brasil.** 10) Filosofia (Brasil, 1942).

A disciplina de Geografia Geral era ofertada na primeira e segunda série, a disciplina de Geografia do Brasil era ofertada na terceira série.

A organização do curso científico era a seguinte:

> Art. 15. As disciplinas constitutivas do curso científico terão a seguinte seriação:
>
> Primeira série: 1) Português. 2) Francês. 3) Inglês. 4) Espanhol. 5) Matemática. 6) Física. 7) Química. 8) História geral. **9) Geografia geral**. Segunda série: 1) Português. 2) Francês. 3) Inglês. 4) Matemática. 5) Física. 6) Química. 7) Biologia. 8) História geral. **9) Geografia geral** 10) Desenho. Terceira série: 1) Português. 2) Matemática. 3) Física. 4) Química. 5) Biologia. 6) História do Brasil. **7) Geografia do Brasil.** 8) Filosofia. 9) Desenho (Brasil, 1942).

Para o curso científico, a distribuição das disciplinas era idêntica. É importante destacar a ausência das disciplinas de Latim e Grego, que eram exclusivas do 1º ano do curso clássico. No entanto, é interessante notar que a disciplina de Desenho estava presente no segundo e terceiro ano. As disciplinas de Geografia Geral e Geografia do Brasil seguiam a mesma programação do curso clássico[42].

Quanto à organização do ensino médio no Brasil, a Lei 4.024 de 1961, nossa 1ª Lei de Diretrizes e Bases da Educação Nacional (LDBEN) manteve o ensino secundário com duração de sete anos, constituído da parte Ginasial (quatro anos) e Colegial (três anos). Por ser aprovado num período mais democrático, a legislação voltou sua atenção com planos que suprissem as necessidades de cada estado da federação. Um dos objetivos era garantir à juventude brasileira, que demonstrasse interesse, capacidade técnica e profissional prosseguir sua trajetória estudantil no ensino superior. Aos que se sentissem vocacionados, ofereceu concomitantemente habilitação para o exercício de profissões de nível médio. Mas não só. Ao se constatar a carência e a urgência na necessidade de reforçar o corpo docente nacional, a mesma Lei enfatizou de forma privilegiada que se articulasse a organização das escolas de nível médio para a formação de professores[43].

[42] Em 1934, foi fundada a Faculdade de Filosofia e Ciências Humanas (hoje USP). Nesta universidade foi criado o curso de licenciatura em Geografia direcionado na formação de profissionais Geógrafos. O curso objetivou preparar professores tendo em vista suprir as necessidades do ensino secundário com a formação de várias turmas que no início começaram a atender o estado de São Paulo. Na sequência, esses profissionais se espalharam Brasil afora.

[43] O projeto de LDBEN foi encaminhado pelo ministro Clemente Mariano à Câmara dos deputados em 1948. Por um período de 13 anos, o projeto ficou em discussão só sendo aprovado em 1961. A primeira lei de Diretrizes e Bases da Educação Nacional, só foi promulgada em 20 de dezembro de 1961. Sendo assinada por João Goulart, Tancredo Neves, entre outros.

Ressaltamos que legislações desta natureza se tornam referência no que tange à educação. Para Severgnini e Castanha "é o preceito máximo do sistema de ensino no Brasil" (2020, p. 50). Para esses autores, essa lei regulamentou as questões educacionais do país, unindo uma diversidade de leis numa só. Os autores apontaram também que o artigo 35 da Lei de Diretrizes e Bases da Educação Nacional do Ensino Médio (LDBEN) designou ao Conselho Federal e aos Conselhos Estaduais relacionarem as disciplinas e definirem a amplitude, bem como, o desenvolvimento dos seus programas em cada ciclo. Pelo seu artigo 104, a Lei permitia a implantação de projetos educacionais inovadores, desde que aprovado pelos respectivos Conselhos Estaduais de Educação (CEE) ou Conselhos Federais de Educação (CFE) vejamos:

> Será permitida a organização de cursos ou escolas experimentais, com currículos, métodos e períodos escolares próprios, dependendo o seu funcionamento para fins de validade legal da autorização do Conselho Estadual de Educação, quando se tratar de cursos primários e médios, e do Conselho Federal de Educação, quando de cursos superiores ou de estabelecimentos de ensino primário e médio sob a jurisdição do Governo Federal (Brasil, 1961).

Conforme Severgnini e Castanha (2020), o artigo oferecia abertura para a flexibilização curricular, possibilitando a articulação de cursos mediante caráter experimental, desde que as iniciativas estivessem em currículos e métodos próprios.

Nessa perspectiva, cabia aos gestores e professores a mediação dos meios para viabilizar essa nova concepção educativa. Vale ressaltar que

> [...] com o golpe militar diversas medidas foram tomadas para controlar e impedir atividades estudantis que fossem contra o regime ou que não estivessem de acordo com os grupos apoiadores do golpe e do capital estrangeiro (Severgnini; Castanha, 2020, p. 51).

No fundo, ficou evidente que o sistema educacional era monitorado e censurado. Assim, os estudantes não podiam realizar críticas ao modelo vigente no país. Foi a Lei 4.024, de 1961 que serviu de base legal para a implantação do ensino secundário, em nível ginasial em Francisco Beltrão.

Como já afirmado, a Lei 4024/61 manteve a mesma organização da Lei anterior (4244/42) para o ensino secundário, como curso secundário dividido em dois ciclos, o ginasial e o colegial, manteve também a exigência do exame de admissão para o ingresso no curso ginasial.

Em março de 1962, o estado do Paraná, mediante a Portaria 873/62, institui Normas para a fixação dos Currículos nos Estabelecimentos Estaduais de Ensino Médio, motivado pela flexibilização promovida pela Lei de Diretrizes e Bases n. 4.024/1961, que previa autonomia aos estados da federação, na organização dos currículos escolares.

A Secretaria de Educação estabeleceu o seguinte currículo para o Curso Ginasial a ser adotado a partir de 1962.

Quadro 10 – Grade curricular, carga horária e distribuição semanal para o curso ginasial do Paraná de 1962

| **Disciplinas** | **Diurno** | **I** | **II** | **III** | **IV** | **Noturno** | **I** | **II** | **III** | **IV** |
|---|---|---|---|---|---|---|---|---|---|---|
| Português | | 5 | 5 | 5 | 5 | | 5 | 5 | 5 | 5 |
| Matemática | | 4 | 4 | 4 | 4 | | 4 | 4 | 4 | 3 |
| História | | 2 | 2 | 2 | 2 | | 2 | 2 | 2 | 2 |
| Geografia | | 3 | 2 | 2 | 2 | | 2 | 2 | 2 | 2 |
| Iniciação a Ciência | | 2 | 2 | - | - | | 2 | 2 | - | - |
| Ciências Físicas e Biológicas | | - | - | - | 3 | | - | - | - | 2 |
| Francês | | 3 | 3 | - | - | | 3 | 3 | - | - |
| Inglês | | - | - | 4 | 3 | | - | - | 3 | 3 |
| Organização Social e Política Brasileira | | - | - | 2 | 2 | | - | - | 2 | 2 |
| Desenho | | 2 | 2 | - | - | | 2 | 2 | - | - |
| Educação Técnico-manual | | - | - | 2 | 1 | | - | - | - | - |
| Educação Artística | | 1 | 2 | - | - | | - | - | - | - |
| Técnica Comercial | | - | - | - | - | | - | - | 2 | 2 |
| Educação Física | | 2 | 2 | 2 | 2 | | - | - | - | - |
| **Total de Aulas Semanais** | | **24** | **24** | **24** | **24** | | **20** | **20** | **20** | **20** |

Fonte: Paraná (1962a, p. 9)

Como o Ginásio Estadual de Francisco Beltrão foi criado no início de 1964, é bem provável que essa estrutura curricular tenha sido adotada na instituição, mas não conseguimos documentos para comprovar essa afirmação.

No mesmo ano de 1962, a Secretaria de Educação e Cultura elaborou os programas do ensino médios e apresentou como sugestões aos professores dos estabelecimentos estaduais de ensino médio. Segundo as orientações apresentadas na exposição de motivos:

> Tais currículos estão sendo executados dentro de dispositivos expressos e do espírito da referida Lei, ocasionando, neste período de transição e algumas dúvidas e dificuldades especialmente, no que se refere aos programas das novas disciplinas ou daquelas que sofreram alterações substanciais. No sentido de oferecer uma orientação aos estabelecimentos estaduais de ensino médio e, principalmente, aos nossos professores, a Secretaria de Educação e Cultura apresenta neste volume sugestões de programas, a título de colaboração. Os programas que a Secretaria de Educação e Cultura entrega aos professores dos estabelecimentos estaduais de ensino médio, devem ser entendidos como um ensaio ao pleno uso das prerrogativas concedidas pela Lei de Diretrizes e Bases da Educação Nacional aos educadores brasileiros e são, em particular uma medida da capacidade profissional dos professores paranaenses (Paraná, 1962a, p. 3).

Conforme indicado no mesmo documento, devido à limitação de tempo, o grupo encarregado da organização das propostas curriculares não teve a oportunidade de realizar uma análise minuciosa e detalhada da programação de cada disciplina. Isso se deve ao caráter experimental do plano paranaense de ensino, o qual estava sujeito a possíveis alterações ao longo do tempo.

No quadro seguinte, visualizamos como ficou articulado o currículo do ensino de Geografia no Estado do Paraná.

Quadro 11 – Currículo de Geografia para a 1ª Série do Curso Ginasial – Paraná, 1962

| **Unidade – I**<br>**GEOGRAFIA DO PARANÁ**<br>**Aspectos físicos**<br>a) Situação geográfica e Limites<br>b) Relevo Litoral<br>c) Hidrografia<br>d) Clima e Vegetação<br><br>**Unidade - II**<br>**Aspectos Humanos e Políticos**<br>a) Tipos Étnicos<br>b) Imigração e Colonização<br>c) Aspectos geográficos do município onde estiver localizado o Estabelecimento<br>d) Cidades principais do Estado e suas características<br><br>**Unidade III – Vida Econômica**<br>a) Regiões geoeconômicas (agricultura, recursos vegetais, minerais, animais e industrialização<br>b) Comércio (municipal e estadual)<br><br>**GEOGRAFIA DO BRASIL**<br>**Unidade IV – Aspectos Físicos**<br>a) O Brasil e sua posição geográfica<br>b) Litoral<br>c) Hidrografia<br>d) Clima e vegetação | **Unidade – V**<br>**Aspectos Humanos e Políticos**<br><br>a) Tipos étnicos<br>b) Imigração e colonização<br>c) Habitação e alimentação<br>d) Fatores de nossa expansão territorial<br>e) Divisão política e cidades principais<br><br>**Unidade VI – Vida Econômica**<br>a) Ciclos econômicos<br>b) Produção agrícola<br>c) Criação de gado e produtos derivados<br>d) Indústrias extrativista vegetal e mineral<br>e) Indústrias de transformações.<br><br>**Unidade VII – Circulação e comércio**<br>a) Transportes (terrestres, aéreos e aquáticos<br>b) Comércio |
|---|---|

Fonte: Paraná (1962b, p. 29-30)

Para a 1ª série do ensino secundário (ciclo ginasial), o plano previa sete unidades divididas em duas partes. Na primeira que era composta das unidades um, dois e três, eram abordados os assuntos a respeito da Geografia no estado do Paraná. O curso iniciava com temas relacionados à primeira unidade, em que os alunos tomavam conhecimento das questões ligadas aos aspectos físicos desse território como: a situação geográfica, os limites, o relevo, o litoral, a hidrografia, o clima e a vegetação paranaense.

Na segunda unidade, estudavam os aspectos humano e político como: os tipos étnicos que habitavam o estado. Os professores traziam como pauta os assuntos voltados à imigração e à colonização. Os alunos aprendiam os aspectos geográficos do município em que estava instalada a escola, concomitantemente, os alunos estudavam os nomes das cidades principais que compunham o estado e suas determinadas características.

Na terceira unidade, a pauta das aulas tratava das questões inerentes à vida econômica do estado. Assim, os assuntos estavam ligados às regiões geoeconômicas no que se referia a agricultura, recursos vegetais, minerais, animais e industrialização. Os alunos tinham em sala de aula uma noção geral dos meios de transportes utilizados e estudavam os mecanismos do comércio municipal e estadual.

Na segunda parte, os temas estavam relacionados à Geografia do Brasil. A partir da unidade quatro, os alunos estudavam os aspectos físicos do Brasil e sua posição geográfica, litoral brasileiro, a hidrografia, o clima e a vegetação. Na Unidade cinco aprendiam sobre os aspectos humanos e políticos como os tipos étnicos, a imigração e colonização, habitação, alimentação, os fatores relacionados à nossa expansão territorial e divisão política, bem como as cidades principais.

Na unidade seis estudavam as questões relacionadas à vida econômica que se reportava aos ciclos econômicos, à produção agrícola de cada estado, à criação de gado e produtos derivados, às indústrias extrativistas de vegetal e mineral e às indústrias de transformações. Na unidade sete, os estudos eram relacionados aos meios de transportes utilizados: terrestres, aéreos e aquáticos e finalizava com o estudo sobre o comércio nacional.

As unidades anteriores, relacionadas ao quadro com os conteúdos do ensino de Geografia, evidenciam que estava mais direcionado aos aspectos físicos e humanos da Geografia e que observava as diretrizes estabelecidas na Lei 4024/1961.

No quadro seguinte, visualizamos a organização do ensino de Geografia para a 2ª série. Conforme indica a grade curricular que segue, o foco estava na Geografia regional do Brasil.

Quadro 12 – Currículo de Geografia para a 2ª Série do Curso Ginasial – Paraná, 1962

| | |
|---|---|
| **GEOGRAFIA REGIONAL DO BRASIL**<br>**Unidade I: Conceito de região natural**<br>**Divisão Regional**<br><br>**Unidade II: Região Sul**<br>Relevo<br>Litoral<br>Hidrografia<br>Clima e vegetação<br>Povoamento da Região Sul<br>Divisão Política e cidades<br>Vida Econômica<br>Transportes<br><br>**Unidade III: Região Leste**<br>Relevo<br>Litoral<br>Hidrografia<br>Clima e vegetação<br>Divisão Política e cidades<br>Vida Econômica<br>Transportes<br><br>**Unidade IV: Região Centro-Oeste**<br>Relevo<br>Litoral<br>Hidrografia | Clima e vegetação<br>Conquista e expansão territorial<br>Povoamento da Região Sul<br>Divisão Política e cidades<br>Vida Econômica<br>Transportes<br><br>**Unidade V: Região Nordeste**<br>Relevo<br>Litoral<br>Hidrografia<br>Clima e vegetação<br>Conquista e expansão territorial<br>Povoamento da Região Sul<br>Divisão política e cidades<br>Vida econômica<br>Transportes<br><br>**Unidade VI: Região Norte**<br>Relevo<br>Litoral<br>Hidrografia<br>Clima e vegetação<br>Conquista da Amazônia<br>Divisão política e cidades<br>Vida econômica<br>Transportes |

Fonte: Paraná (1962b, p. 30-31)

No próximo quadro, visualizamos o currículo de Geografia da 3ª Série. A proposta de conteúdo de 1962 era a Geografia do Paraná.

Quadro 13 – Currículo de Geografia da 3ª Série Curso Ginasial – Paraná, 1962

| GEOGRAFIA DO PARANÁ | **Unidade V: Geografia Regional do Brasil** |
|---|---|
| **Unidade I: (Aspectos físicos)**<br>a) Situação geográfica e limites<br>b) Relevo e litoral<br>c) Hidrografia<br>d) Clima e vegetação<br><br>**Unidade II: Aspectos humanos e político**<br>a) Tipos étnicos<br>b) Imigração e colonização<br>c) Aspectos geográficos do Município onde estiver localizado o Estabelecimento<br>d) Cidades principais do estado e suas características<br><br>**Unidade III: Vida econômica**<br>a) Regiões geoeconômicas (agricultura, recursos vegetais, minerais, animais e industriais)<br>b) Meios de transportes (noções gerais)<br>c) Comércio (municipal e estadual)<br><br>**Unidade IV: GEOGRAFIA DO BRASIL**<br>a) Aspectos físicos<br>b) Aspectos humanos, políticos<br>c) Vida Econômica<br>d) Circulação e comércio | **a) Região sul**<br>Aspectos físicos, político, humano e econômico.<br>**b) Região Leste**<br>Aspectos físicos, político, humano e econômico.<br>**c) Região Centro Oeste**<br>Aspectos físicos, político, humano e econômico.<br>**d) Região Nordeste**<br>Aspectos físicos, político, humano e econômico.<br>**e) Região Norte**<br>Aspectos físicos, político, humano e econômico.<br><br>**Unidade VI: Vida Econômica**<br>a) Ciclos econômicos<br>b) Produção agrícola<br>c) Criação de gado e produtos derivados<br>d) Indústrias extrativistas vegetal e mineral<br>e) Indústrias de transformações<br><br>**Unidade VII:**<br>a) Transportes (terrestres, aéreos e aquáticos)<br>b) Comércio |

Fonte: Paraná (1962b, p. 31-32)

Conforme a proposta, a partir do ano letivo de 1963, na terceira série, os alunos estudavam na unidade um os aspectos físicos da Geografia. O professor iniciava sua aula apresentando aos alunos a situação geográfica e limites do estado, o relevo, o litoral, a hidrografia, o clima e a vegetação paranaense.

Na unidade dois, estudavam-se os aspectos humanos e político, os alunos tomavam conhecimentos sobre as diferenças étnicas presentes no estado, também assuntos relacionados à imigração e colonização, os aspectos geográficos do município em que se localizava a escola, bem como as principais cidades que constituíam o estado e suas características.

Já na unidade três, os alunos estudavam sobre a vida econômica do Paraná, as regiões geoeconômicas como: agricultura, recursos vegetais, minerais, animais e industriais disponíveis no estado. Os alunos aprendiam sobre os meios de transportes presentes bem como, o comércio a nível e estadual.

Na unidade quatro os alunos estudavam a Geografia no seu aspecto mais abrangente a nível de Brasil. Assim os professores apresentavam aos alunos os aspectos físicos, humanos, políticos, a vida econômica, circulação e o comércio.

Na unidade cinco exploravam a Geografia regional do Brasil, ou seja, os estudos eram divididos de acordo com as regiões existentes, a começar pela região Sul nos seus aspectos físicos, político, humano e econômico. Da mesma forma, esses aspectos eram abordados a respeito da região Leste, região Centro-oeste, região Nordeste e a região Norte.

Na unidade seis as aulas aconteciam direcionadas à vida econômica de cada região e os alunos estudavam sobre o ciclo econômico regional, a produção agrícola, a criação de gado e produtos derivados que cada região produzia de acordo com o seu potencial. Também eram levados a compreender as indústrias extrativistas instaladas nas regiões que exploravam os materiais de origem vegetal e mineral, assim como, as indústrias de transformações. Na unidade sete, os estudos geográficos estavam voltados aos modelos de transportes: terrestres, aéreos e aquáticos, e o comércio.

No quadro seguinte, visualizamos o currículo de Geografia da 4ª série do curso ginasial a partir de 1962: Geografia Regional do Brasil.

Quadro 14 – Currículo de Geografia da 4ª Série Curso Ginasial – Paraná, 1962

**GEOGRAFIA REGIONAL DO BRASIL**

**Unidade I: Conceito de região natural**

**Divisão Regional**

**Unidade II: Região Sul**

Relevo
Litoral
Hidrografia
Clima e vegetação
Povoamento da Região Sul
Divisão política e cidades
Vida econômica
Transportes

**Unidade III: Região Leste**

Relevo
Litoral
Hidrografia
Clima e vegetação
Divisão política e cidades
Vida econômica
Transportes

**Unidade IV: Região Centro-Oeste**

Relevo
Litoral
Hidrografia
Clima e vegetação
Conquista e expansão territorial
Divisão política e cidades
Vida econômica
Transportes.

**Unidade V: Região Nordeste**

Relevo
Litoral
Hidrografia
Clima e vegetação
Conquista e expansão territorial
Divisão política e cidades
Vida econômica
Transportes

**Unidade VI: Região Norte**

Relevo
Litoral
Hidrografia
Clima e vegetação
Conquista da Amazônia
Divisão política e cidades
Vida econômica
Transportes

Fonte: Paraná (1962b, p. 32-33)

A partir do ano letivo de 1963, os alunos que iniciavam na quarta série, estudavam na unidade um, o conceito de região natural. Na sequência na unidade dois, estudavam a divisão das regiões brasileiras a iniciar pela região Sul. As outras regiões, seguiam a mesma metodologia para estudar as demais[44]. Os conteúdos eram praticamente os mesmos da segunda série. Isto é, começavam a partir do relevo, litoral, hidrografia, clima e vegetação. Na sequência, estudava-se o povoamento dessa região. Depois, os alunos aprendiam sobre a divisão política e das respectivas cidades na sua dinâmica econômica, bem como a parte dos meios de transportes disponíveis e viáveis.

A Lei n. 4.024/61 com suas diretrizes para a educação possibilitou a todos os estados da federação a instituição de "um novo sistema estadual de ensino. No Paraná, segundo Severgnini (2020, p. 60), a partir dos dispositivos estabelecidos pela LDBEM 4.024/61 "foi aprovada em 5 de dezembro de 1964, a Lei nº 4.978, que criou o sistema de ensino", que recebeu a colaboração de inúmeros profissionais e alunos da área na elaboração do plano de ensino paranaense.

No Paraná, o ensino estava organizado conforme estabelecido pelo Conselho Estadual de Educação, da seguinte forma:

> Art. 1.º - O ciclo ginasial de ensino médio, no sistema estadual de ensino, será comum a todos os compostos secundários, técnicos e profissionais, e de formação de regente de ensino primário, diversificando-se os currículos através das disciplinas complementares no sistema, das disciplinas específicas, das disciplinas optativas à escolha do estabelecimento das práticas educativas e, ainda pela distribuição das respectivas cargas horárias (Paraná, 1965, p. 184).

O documento evidenciou que no estado do Paraná, o ensino médio estava articulado a partir de um ciclo comum próprio, a saber, os cursos técnicos, profissionalizantes bem como o curso de formação de regente para o ensino primário. No entanto, os currículos desses cursos eram diferenciados. Naquela época, o sistema estadual era flexível e, por isso, previa que as disciplinas complementares, específicas e optativas ficassem a critério do estabelecimento de ensino selecioná-las, como também a distribuição das cargas horárias na instituição. Ainda conforme informações encontradas na Revista Critéria:

---

[44] Provavelmente essa implantação tenha sido gradual, então essa forma teve início em 1966.

> Art. 2.º - O ensino das disciplinas obrigatórias, indicadas pelo Conselho Federal de Educação para o ciclo ginasial de ensino médio no sistema estadual de ensino obedecerá a seguinte distribuição: Português, Matemática, História e Ciências nas quatro séries, e Geografia, nas três primeiras séries.
>
> § 1.º - O ensino da história deve compreender as duas primeiras séries, o estudo de História do Brasil, devidamente situada no contexto da história da América, abrangendo em ambas o estudo da história do Paraná, como parte integrante dos programas.
>
> § 2.º - O ensino da Geografia compreenderá nas duas primeiras séries, o estudo da Geografia do Brasil abrangendo em ambas o estudo da Geografia do Paraná como parte integrante dos programas (Paraná, Critéria, 1965, p. 184).

O documento deixou claro que havia disciplinas definidas pelo Conselho Federal de Educação (CFE) que eram Português, Matemática, Ciências, História e Geografia. A disciplina de Língua Portuguesa era a primeira disciplina obrigatória no currículo, até por ser a base para o acesso às outras áreas do conhecimento, ou seja, trata-se da língua materna. Em seguida, a Matemática, por trabalhar com os alunos as diferentes formas de cálculos indispensáveis. Na sequência, a disciplina de História, cuja função consistia em conduzir os alunos no conhecimento dos acontecimentos do passado que de alguma forma refletiam no presente e futuro da sociedade. Depois a disciplina de Ciências, que cumpria seu papel em apontar como parte das contribuições em diversos aspectos no que se refere aos descobrimentos indispensáveis para auxiliar os seres humano nas necessidades do cotidiano. A Geografia, por sua vez, focava nas descrições física do espaço com suas categorias e conceitos específicos.

O conjunto de disciplinas obrigatórias constituía-se numa base comum curricular nacional. Conforme previa o artigo 3º cabia ao CEE ou as escolas escolherem mais duas disciplinas entre as seguintes indicações. De acordo com o indicado no artigo 3º:

> Art. 3.º - O número das disciplinas obrigatórias do ciclo ginasial do ensino médio será complementado, no sistema estadual de ensino, pela adoção de um dos seguintes pares de disciplinas: a) Desenho e Organização Social e Política Brasileira; b) Desenho e uma Língua Estrangeira Moderna; c) Desenho e uma Língua Clássica d) Desenho e uma disci-

> plina específica; e) Organização Social e Política Brasileira e uma Língua Estrangeira Moderna; f) Organização Social e Política Brasileira e uma disciplina específica; h) Uma Língua Estrangeira Moderna e uma disciplina específica (Paraná, 1965 p. 184-5).

No quadro que segue, podemos visualizar a grade curricular do Ginásio Estadual Francisco Beltrão. Conforme Severgnini (2020), as turmas do 1º e 2º ano observaram a determinação obrigatória do CFE e optaram pelo francês como língua estrangeira moderna. Ao 3º e 4º ano acrescentaram a disciplina de Organização Social e Política Brasileira, conteúdo sugerido pelo regime militar, Técnica Comercial e o Inglês como língua estrangeira moderna.

Além da geografia qual era a formação ofertada no curso Ginasial? Severgnini (2020) organizou um quadro com a estrutura curricular, a partir dos boletins dos alunos de 1969:

Quadro 15 – Grades Curricular do Ginásio Estadual Francisco Beltrão em 1969

| 1º ANO | 2º ANO | 3º ANO | 4º ANO |
|---|---|---|---|
| Português,<br>Matemática,<br>História,<br>**Geografia**,<br>Ciências,<br>Francês | Português,<br>Matemática,<br>História,<br>**Geografia**,<br>Ciências,<br>Francês | Português,<br>Matemática,<br>História,<br>Ciências,<br>Téc. Comercial,<br>O.S.P.B,<br>Inglês | Português,<br>Matemática,<br>História,<br>Ciências,<br>Téc. Comercial,<br>O.S.P.B,<br>Inglês |

Fonte: Severgnini (2020, p 115)

Conforme registrado por Severgnini (2020), no quadro com a estrutura curricular indicada, o curso Ginasial ofertava disciplinas de formação geral, línguas de francês e inglês, técnicas comerciais e OSPB. Verificamos que a disciplina de Geografia perdeu carga horária durante o curso, em relação a proposta de 1962. Ela foi a escolhida para ceder lugar para Tec. Comerciais ou OSPB no 3º e 4º ano. Ressaltamos que tanto no ensino de Geografia, como nas demais disciplinas, a base era a Lei 4.024/61, nessa primeira LDBEN. As aulas de Geografia no período, de modo geral, salvo algumas exceções, eram dadas no formato tradicional, ou seja, pouca interação entre professor aluno com foco na geografia física e com o uso do questionário.

O ingresso no curso ginasial (secundário) foi estabelecido pela Lei Estadual n. 4.978, de 1964, a saber:

> Art. 102 – Aos alunos que concluírem a quinta série do ensino primário, em grupos e casas escolares, ou a quarta série em escolas isoladas, será permitida a inscrição em exame de admissão para ingresso na primeira série do 1º ciclo dos cursos de ensino médio. Parágrafo Único – A fim de que se proporcione aos alunos satisfatória educação primária, os programas de ensino para as escolas isoladas, para grupos e casas escolares, terão fixados a sua amplitude e desenvolvimento levando-se em conta as diferenças existentes entre esses tipos de estabelecimentos de ensino (Paraná, 1964).

Esse artigo evidencia a permissão para a inscrição do exame admissional a todos aqueles alunos que apresentassem o certificado de conclusão de curso primário. A aprovação no exame admissional garantia a matrícula na 1ª série do ciclo ginasial multicurricular, dos diferentes cursos do ensino médio.

A Lei Estadual 4.978/69 previa a passagem direta do aluno do ensino primário para o ensino médio, desde que se observassem algumas exigências, descritas no artigo 103:

> Art. 103 – A sexta série do ensino primário incluirá, além do ensino de técnicas de artes industriais e economia doméstica, as disciplinas obrigatórias de primeira série, do 1º ciclo dos cursos de grau médio. Parágrafo Único – Ao aluno que houver concluído a sexta série primária, inclusive com aprovação em exame final das disciplinas obrigatórias da primeira série, do 1º ciclo do grau médio, será facultado o ingresso na segunda série, do 1º ciclo de qualquer curso de grau médio, independente de exame de admissão (Paraná, 1964).

Apesar de estar previsto na lei, o 6º ano do ensino primário não chegou a existir em Francisco Beltrão antes de se acabar com o exame de admissão, que se deu pela Lei 5692/71.

A Lei 4.978/64 (Lei que instituiu o Sistema Estadual de Ensino do Paraná), seguiu a mesma lógica organizativa da Lei 4024/61 no tocante à organização do ensino médio. O ensino médio era ofertado em dois ciclos a saber: 1º ciclo ou ginasial e 2º ciclo ou colegial, sendo o primeiro com duração de quatro anos e o segundo com três anos, no mínimo. O primeiro ciclo do ensino médio (ginasial) podia ser ofertado de forma multicurricular, voltado à formação geral, e voltado à habilitação profissional, tipo industrial, agrícola, comercial ou para a formação de professores, a escola normal ginasial. O segundo ciclo (colegial) também formava os técnicos e profissionais, de nível médio, e ofertava a formação geral ou científica, em preparação para o ingresso no ensino superior. Em Francisco Beltrão tivemos a formação para professores do ensino primário, na escola normal Regina Mundi, criada no final de 1965, e a formação científica, criada no Cema no final de 1970.

Vejamos qual era a grade curricular do curso científico ofertado pelo Cema em 1973:

Quadro 16 – Grade Curricular do Curso Científico ofertado no CEMA em 1973

| 1º ANO | 2º ANO | 3º ANO |
|---|---|---|
| Português | Português | Português |
| Matemática | Matemática | Matemática |
| Geografia | História | Estudos Sociais |
| Inglês | Inglês | Inglês |
| Física | Física | Física |
| Química | Química | Química |
| Biologia | Biologia | Biologia |
| O. S. P. B. | Educação M. e Cívica | O. S. P. B. |
| Desenho | Desenho | Desenho |
| Filosofia | Filosofia | Educação M. e Cívica |

Fonte: adaptado de Severgnini (2020, p 126)

Ao analisarmos a grade curricular do corso científico, evidenciamos que o disciplina de Geografia só era ofertada no 1º ano. Provavelmente o conteúdo estava voltado a Geografia geral, visto que no curso ginasial ela se concentrava na Geografia do Paraná e do Brasil. No 3º ano era ofertada a disciplina de Estudos Sociais, introduzida na grade curricular pelo regime militar a partir do início da década de 1970, em substituição a História e a Geografia. Observamos também a disciplina de Educação Moral e Cívica como um marco da interferência direta do regime militar na educação.

A Lei 5692 de 1971 estabeleceu novas diretrizes para o ensino de 1º e 2º Graus, instituindo assim a modalidade de 1º Grau e de 2º Grau. O 1º Grau era obrigatório dos 7 aos 14 anos, tendo duração de oito anos, ou seja, essa modalidade incorporou o antigo ciclo ginasial, que passou a corresponder a 5ª a 8ª séries. O 2º Grau, com duração de três anos passou a ser profissionalizante. O aluno ingressava na 1ª série e percorria as demais séries, sem a necessidade de exame de admissão para ingressar no 2º Grau. Ao optar por cursar o ensino superior, aí sim precisava fazer o exame vestibular.

Ressaltamos que a Lei 5692/71 teve sua implantação gradual, isso quer dizer que os cursos profissionalizantes só foram instalados a partir de 1977 e 1978, na maioria das escolas brasileiras.

A imprensa da época (jornais) celebrou a sanção da Lei 5.692, em agosto de 1971 demostrando que essa legislação seria revolucionária e o país caminharia a passos largos na continuação rumo ao desenvolvimento. Ou seja, o ensino médio objetivo e profissional "marcaria o despertar de um Brasil novo, diziam alguns editoriais" (Beltrão, 2017, p. 3). Logo após a aprovação da Lei 5.692/71, iniciaram as críticas referindo-se à reforma que apresentava sérios problemas. Os governos estaduais se depararam com inúmeros obstáculos para implantar o ensino profissionalizante. Segundo Beltrão:

> Em novembro de 1972, o Jornal do Brasil deu voz a secretários estaduais de Educação que se queixavam da falta de recursos. "As despesas exigidas pelas mudanças tornaram a situação mais difícil e mesmo as injeções de verbas feitas pelo MEC não são suficientes para amenizar o déficit", dizia a reportagem, citando a falta de professores e lembrando que muitas escolas tinham instalações precárias e estavam mal equipadas. "Poucas terão condições de proporcionar o ensino profissionalizante sem fazer gastos acima de suas possibilidades", previa o jornal (Beltrão, 2017, p. 3).

Além da falta de professores, as instalações eram precárias e as salas não possuíam os equipamentos necessários para as aulas teóricas e práticas. Para nós, ficou a impressão de que o governo militar não se deu conta da tamanha complexidade que foi reformular o ensino de 1º e 2º graus no Brasil, sem antes prever a necessidade de ações antecipadas para em seguida, sancionar a Lei 5692. Segundo o "[...] consultor legislativo do Senado José Edmar de Queiroz a legislação mudou sem que os sistemas de ensino, a rede física e os recursos humanos estivessem preparados para atender a nova regra" (Beltrão, 2017, p. 3). Como compreender a essência da reforma do ensino médio para o profissionalizante sem um diálogo aberto e franco com a sociedade civil? Por que romper com a forma vigente de ensinar e substituí-la pelo ensino profissionalizante?

Para Beltrão (2017), a intenção dos governos militares consistia na redução de gastos com a pasta do ensino no Brasil. Logicamente

> [...] era necessário reduzir a demanda de ensino superior, que crescia de forma intensa. O instrumento utilizado para o corte de gastos com a educação, foi a profissionalização universal e compulsória de todo o 2º grau. A necessidade de mão de obra não foi a motivação, isso era ilusório — sustenta (Beltrão, 2017, p. 2).

A autora sustenta que a reforma do ensino no Brasil foi utilizada como um artifício compensatório. Essa iniciativa serviu também para dificultar o acesso das classes mais vulneráveis ao ensino superior. Os estudos em seus diferentes níveis, mediante os conhecimentos recebidos, desenvolvem nos indivíduos o empoderamento, a conscientização de seus deveres, mas também de seus direitos. Parece-nos que a defesa da ideia da profissionalização significava ofertar o mínimo de possibilidades possíveis. Assim, não seria um absurdo afirmar que a diminuição da oferta do ensino para o nível superior objetivava alienar a juventude das classes mais pobres da sociedade brasileira. Para os governos militares, oferecer a profissionalização foi uma forma de aliviar a pressão das classes médias para vagas nas universidades. Esse *modus operandi* da reforma educacional produziria nas futuras gerações, pessoas acríticas que se contentariam com o mínimo, como se fosse o máximo ofertado na área do ensino. Essas medidas foram contraditórias, uma vez que os países europeus, norte-americanos e alguns países da Ásia investiram fortemente em pesquisas nas mais diversas áreas do conhecimento para atingirem o desenvolvimento econômico. Por que no Brasil precisou ser o contrário? Conforme Beltrão (2017, p. 3):

> Anos depois, de volta ao Congresso como senador, Passarinho diria aos colegas em Plenário que todos ali deviam saber que a profissionalização obrigatória no 2º grau havia surgido por imposição do Parlamento, e não do governo. Uma emenda de um deputado alterou o texto original nesse sentido, afirmou o ex-ministro em agosto de 1982, quando o Congresso avaliava uma nova lei que revogaria a reforma

> de 1971. Saviani, no entanto, contesta a tentativa de atribuir a responsabilidade ao Congresso. O espírito do projeto do governo era esse mesmo, de profissionalização obrigatória, compulsória. Quando o relator acolheu a emenda, foi porque entendeu que ela correspondia ao espírito do projeto original. Dizer que a responsabilidade foi do Parlamento é desconversar, porque o Parlamento estava subordinado ao governo.

A autora evidencia o posicionamento do então senador Jarbas Passarinho e ex-ministro da educação como tentativa de procurar justificar uma reforma que foi fracassada, com a intenção de responsabilizar o parlamento como o verdadeiro articulador pelas mudanças ocorridas no ensino e não o governo militar. Respaldado em Saviani, Beltrão (2017) contestou o ministro Passarinho ao sustentar que a essência da reforma do ensino, era sim a implantação da profissionalização compulsória no país.

Conforme Beltrão (2017, p. 3):

> O consultor conta casos como de um colégio onde os alunos do curso de datilografia, por falta de máquinas de escrever, treinavam em uma cartela com teclas desenhadas. Relatos semelhantes apareciam nos jornais da época. Uma professora admitiu em 1977, período em que as primeiras escolas começaram a funcionar que sua escola não tinha nem mesmo tubos de ensaio, mas oferecia cursos de laboratorista em análises clínicas. A necessidade de profissionais para o mercado de trabalho também se mostrou enganosa. "A suposição de uma demanda de técnicos que justificaria uma reforma dessa amplitude não tinha base na realidade e não se demonstrou efetivamente" afirma Demerval Saviani.

A falta de um planejamento prévio para uma reforma mais criteriosa do ensino médio conduzida pela gestão dos governos militares rapidamente gerou inúmeras consequências negativas para a modalidade profissionalizante naquele período, pois nas escolas faltavam até os equipamentos para preparar minuciosamente os futuros profissionais. Para Beltrão (2017), o argumento da necessidade de formação de técnicos como tentativa de justificar a ampla reforma feita no ensino naquele período não se sustentou, ou seja, a reforma ampla que fizeram não correspondia com a realidade brasileira. De acordo com Beltrão (2017, p. 3-4):

> Os próprios empresários tendiam a preferir que a escola garantisse a formação geral, explica o professor. Mas erro maior, avalia, foi a concepção da reforma sobre o papel da escola: — Dizia-se que a escola estava defasada e deveria se articular para atender as demandas do mercado de trabalho. Acontece que escola não é agência de treinamento profissional para empresas. Escola é instituição de formação dos seres humanos, de acesso à cultura letrada.

No período do governo militar, a visão predominante era a de que a escola estava defasada, ou seja, desatualizada, especialmente ao argumentar que seu modelo de ensino não correspondia às demandas do mercado de trabalho. Contrapondo a essa perspectiva, Beltrão destacou a concepção restrita e distorcida de escola mantida pela cúpula militar.

Apoiada em Saviani, Beltrão (2017) analisou essa concepção e rejeitou categoricamente. Inicialmente refutou a ideia de que a escola deveria ser uma agência onde os indivíduos seriam adestrados e treinados para servir de maneira subserviente às necessidades das empresas. Essa visão, além de equivocada, era desumana, pois concebia a escola como um espaço de treinamento humano, assemelhando as pessoas a meras peças na engrenagem do sistema econômico capitalista rentista, subordinado a um modelo de produção centrado nas empresas.

Para Saviani (2008) e outros intelectuais dedicados ao estudo sério desse conceito, a palavra "escola" possui uma conotação diferente. Ela é vista como uma instituição destinada a formar seres humanos que buscam trilhar o caminho da cultura letrada. A escola, nessa perspectiva, é uma base de apoio que sustenta uma concepção mais ampla sobre sua função, indo além da simples transmissão de conhecimento. Aqueles que não compreendem essa visão ainda não perceberam o potencial transformador que uma educação de qualidade pode exercer sobre os indivíduos.

Na imagem que segue, podemos visualizar um professor com três alunos em um laboratório. O professor e os alunos desenvolvem uma experiência química.

Figura 18 – Laboratório dos cursos profissionalizantes de uma escola estadual em Curitiba, no final da década de 1970

Fonte: Beltrão (2017)

A imagem revela a precariedade do laboratório destinado à formação profissional. Se essa era a realidade de uma escola localizada na capital do estado, imaginemos como eram os laboratórios das escolas profissionalizantes localizadas nas cidades do interior.

Vejamos como era a grade curricular dos cursos profissionalizantes de Técnico em Contabilidade, Auxiliar de Escritório e Magistério no ano de 1980, ofertados no CEMA.

Figura 19 – Grade Curricular do Curso Técnico em Contabilidade em 1980

| 1º ANO | 2º ANO | 3º ANO |
|---|---|---|
| Língua Portuguesa e Literatura Brasileira, Geografia, Matemática, Biologia, Química, Educação Moral e Cívica, Ed. Física, Ed. Artística, Programas de Saúde, Ensino Religioso, Economia de Mercado, Contabilidade Geral, Processamento de dados, Matemática Comercial e financeira e Geografia Econômica | Língua Portuguesa e Literatura Brasileira, História, Matemática, Biologia, Física, Química, Ed. Física, Processamento de dados, Direito e Legislação, Contabilidade Comercial, Técnica Comercial, Técnica de Redação, Matemática Comercial e Financeira, História Econômica | Língua Portuguesa e Literatura Brasileira, Inglês, O.S.P.B, Matemática, Física, Ed. Física, Noções de Estatística, Direito e Legislação, Contabilidade Industrial, Contabilidade Bancária, Contabilidade Pública, Análise de Balanço, Redação Comercial e Prática de Escritório |

Fonte: adaptado de Severgnini (2020, p. 131)

Figura 20 – Grade Curricular do Curso Técnico em Auxiliar de Escritório em 1980.

| 1º ANO | 2º ANO | 3º ANO |
|---|---|---|
| Língua Portuguesa e Literatura Brasileira, Inglês, Geografia, Matemática, Biologia, Química, Educação Moral e Cívica, Ed. Física, Ed. Artística, Programas de Saúde, Ensino Religioso, Processamento de Dados e Contabilidade Geral | Língua Portuguesa e Literatura Brasileira, Inglês, História, Matemática, Biologia, Física, Química, Ed. Física, Organização Técnica Comercial e Matemática Comercial e Financeira. | Língua Portuguesa e Literatura Brasileira, Inglês, O.S.P.B, Matemática, Física, Ed. Física, Organização Técnica Comercial, Direito e Legislação e Redação Comercial |

Fonte: adaptado de Severgnini (2020, p. 133)

Figura 21 – Grade Curricular do Curso de Magistério em 1980

| 1º ANO | 2º ANO | 3º ANO |
|---|---|---|
| Língua Portuguesa e Literatura Brasileira, Geografia, Matemática, Biologia, Química, Educação Moral e Cívica, Ed. Física, Ed. Artística, Programas de Saúde, Ensino Religioso, Psicologia da Educação e Didática Geral | Língua Portuguesa e Literatura Brasileira, História, Matemática, Biologia, Física, Química, Ed. Física, Psicologia da Educação, Filosofia da Educação, Estudo e Funcionamento do 1º Grau, Didática Especial e Planejamento e Ação Didática | Língua Portuguesa e Literatura Brasileira, Inglês, O.S.P.B, Matemática, Física, Ed. Física, Biologia e Educação, Sociologia da Educação, História da Educação, Estatística Aplicada, Didática Especial, Planejamento e Ação Didática e Recursos Áudio visuais |

Fonte: adaptado de Severgnini (2020, p. 135)

Ao analisarmos as grades curriculares fica evidente a profissionalização. Também chama a atenção a oferta da disciplina de ensino religioso, Educação Moral e Cívica e OSPB. A introdução dessas disciplinas implicou a diminuição das disciplinas científicas, especialmente a Geografia, ofertada somente no 1º ano e a História, ofertada somente no 2º ano. Frente a isso, podemos afirmar que a partir da década de 1970, a Geografia, apresentada pelos livros didáticos, trazia um ensinamento enfraquecido, quanto ao conteúdo e alheio à realidade do país como características alinhadas à perspectiva dos Estudos Sociais, introduzida pela LDB 5.692/71. Uma prova da força dos Estudos Sociais na região, foi a criação do curso de licenciatura em Estudos Sociais, na FACIBEL, em 1974, com sua implantação em 1976, em Francisco Beltrão.

No início da década de 1980, o regime militar já apresentava claros sinais de fracasso, expressado numa população empobrecida e cansada da opressão. Neste clima de enfraquecimento, o povo lutou por uma abertura democrática promovendo vários movimentos sociais em defesa da cidadania, da democracia, da educação e contra as desigualdades.

No campo da educação, uma das consequências/resultados da luta foi uma reformulação na Lei 5692/71.

Segundo Beltrão (2017, p. 3):

> Em outubro de 1982, o último presidente do regime militar, João Batista Figueiredo, sancionou a lei 7.044, que extinguiu o caráter obrigatório da profissionalização. A "qualificação para o trabalho" determinada pela reforma, foi substituída pela expressão "preparação para o trabalho", retirando a exigência de habilitação profissional, que passaria a ser opcional para as escolas. A ideia do ensino profissionalizante obrigatório acabaria sepultada pela própria ditadura que a concebeu.

Na nova Lei, a expressão "qualificação", conforme o texto, foi substituída pela expressão "preparação para o trabalho". Assim, extinguiu-se definitivamente a compulsoriedade do curso profissionalizante no ensino médio. Com isso muitas instituições voltaram a ofertar a modalidade de formação geral, ou científica propedêutica.

Neste tópico tratamos das questões relacionadas à legalidade do ensino de Geografia ao analisar o ensino de Geografia desde as escolas do império português sob a direção dos padres jesuítas, até o início da década de 1980, inserindo nesse processo as experiências do CEMA. No próximo tópico centramos a análise nas questões relacionadas ao ensino de Geografia.

## 3.2 A trajetória do ensino de Geografia: do Físico ao Crítico

Neste item, tratamos sobre o processo de transição da disciplina de Geografia, enquanto forma de produção/transmissão do conhecimento geográfico tradicional à nova maneira de apresentar o ensino de Geografia a partir de um olhar crítico, incorporando também os aspectos sociais da realidade. Buscamos compreender as razões que levaram a transição da disciplina, tanto no foco dos conteúdos, quanto ao ensino de Geografia, ou seja, a passagem de um olhar voltado mais às categorias físicas do espaço geográfico, de parâmetros mais empíricos, "neutros", para um ensino de Geografia de postura mais crítica e social. Segundo Cavalcanti (2006, p. 9):

> A relação entre uma ciência e a matéria de ensino é complexa; ambas formam uma unidade, mas não são idênticas. A ciên-

> cia geográfica constitui-se de teorias, conceitos e métodos referentes a problemática de seu objeto de investigação. A matéria de ensino de Geografia corresponde ao conjunto de saberes dessa ciência, e de outras que não tem lugar no ensino fundamental e médio como Astronomia, Economia e Geologia, convertidos em conteúdos escolares a partir de uma seleção e organização daqueles conhecimentos e procedimentos tidos como necessários à educação geral.

A autora evidencia a relação de complexidade que há entre o conhecimento científico e o escolar. Ainda que complexa segundo a autora, a relação existente entre a ciência geográfica e a matéria em sala de aula é relevante, uma vez que colabora na reflexão a partir de suas descobertas científicas. Desta forma, a ciência fundamentou e enriqueceu os currículos no final do século XIX na Europa. No entanto, Moreira e Silva reforçam que "na escola considerou-se o currículo como o instrumento por excelência de controle social que se pretendia estabelecer. Coube assim a escola inculcar os valores e as condutas e os hábitos adequados" (2002, p. 10). Ou seja, o currículo na perspectiva tradicional serviu como mecanismo para alcançar os valores e costumes ditados pela burguesia industrial para atingir o padrão de comportamento da população mediante a proposta pedagógica da época. Para tanto, lideranças da sociedade industrial, articularam um padrão de formação de cidadãs e cidadãos acríticos, a saber, passivos em que a disciplina e a ordem eram preceitos disseminados pela classe burguesa daquele período.

Vlach destacou que:

> [...] a organização da escola que, vinculando a ideologia dominante, não só dificultava e impedia a crítica da sociedade dividida em dominantes e dominados, como também adestrava a mão de obra que interessasse a indústria uma mão de obra barata e dócil, que sequer percebesse a parcialização do seu trabalho e seu ritmo mecânico, alienante, sempre igual (Vlach, 1991, p. 48).

O texto evidencia e reforça a ideologia da classe dominante ao destacar a instrumentalização da instituição escolar da época como um espaço de adestramento humano. O objetivo era inculcar nas pessoas um padrão de comportamento a serviço das necessidades da indústria. A escola, enquanto instituição controladora do comportamento social, em parte posicionava ações a favor dos privilegiados. A burguesia, visou maximizar seus lucros, intensificou estratégias alienantes.

Nesse contexto, o trabalhador não tinha condições de perceber o caráter mecânico e repetitivo de suas atividades. Além disso, ao representar mão de obra barata e adotar um comportamento desprovido de resistência às condições de vida e trabalho, o operário contribuía para a manutenção do status quo. A sociedade, por sua vez, continuava sob controle dos instrumentos alienantes, entre os quais se destacavam a escola e a igreja.

No entendimento de Vlach (1991, p. 52):

> A geografia, enquanto mais uma ciência moderna, que emergiu no seio da sociedade europeia do século XIX, expressa uma verdadeira singularidade: suas raízes encontram-se na escola, pois ela fazia parte das disciplinas aí presentes, na medida em que inculcava nas crianças e adolescentes a ideologia do nacionalismo patriótico, de decisiva importância na constituição dos Estados-Nações europeus de maneira geral, e de maneira particular do Estado-Nação alemão, onde surgiu a geografia moderna.

Ao analisar as aulas da disciplina, Vesentini (1992, p. 17-18) enfatizou: "O discurso geográfico desempenhou importante papel na difusão do imaginário nacional de cada Estado-Nação e, inversamente, o lugar que lhe foi reservado no sistema escolar influenciou enormemente a evolução da Geografia moderna".

Constatamos que os assuntos relacionados aos conhecimentos geográficos nas instituições de ensino da época na ótica do currículo tradicional alicerçaram suas raízes no pensamento de Friedrich Ratzel e Paul Vidal de La Blache. Sobre isso, Vesentini (2005) recordou-nos que as correntes Ratzeana e Lablacheana encabeçaram o projeto de Estado-Nação mediante conteúdos escolares que ressaltavam nas aulas os valores patrióticos. Esses conteúdos por décadas tornaram-se paradigmas no ensino, por ter sido um discurso enaltecedor dos Estados-Nações e esse modelo de ensino soava bem e, concomitantemente, oferecia estabilidade e tranquilidade para os dirigentes do estado nação.

No entanto, Lacoste (2009) demonstrou que anterior a Vidal de La Blache, o primeiro importante geógrafo renomado na França e no exterior, foi Élisée Reclus com obras escritas relevantes e que viveu entre 1830-1905. Mas por que Reclus e outros geógrafos contemporâneo a ele, como

Kropotkin ficaram à margem, excluídos dos meios universitários na época? Por que suas obras eram ignoradas? Para Andrade:

> Enquanto os primeiros se colocaram de acordo com a classe dominante, ocuparam cátedras universitárias e assessoraram príncipes e presidentes [Vidal de La Blache e Ratzel], os dois [Reclus e Kropotkin] se colocaram contra a estrutura de poder, negaram validade ao Estado, adotaram ideias de reformas sociais radicais e defenderam as classes menos favorecidas. Embora positivistas e com posições que se opunham à Marx, na militância política, eles adotaram algumas categorias marxistas e abriram perspectivas a uma visão libertária, tanto da sociedade como da Geografia como ciência (1992, p. 56).

O autor demonstrou dois padrões de discursos geográficos. O primeiro elitizado por meio de parcerias estabelecidas com os geógrafos Vidal de La Blache e Ratzel que tinham trânsito livre entre os príncipes e presidentes por adotarem um discurso visto com bons olhos pela classe dominante. Já Élisée Reclus e Piotr Kropotkin representavam a "ameaça social", poderiam desenvolver ideias críticas por adotarem uma reflexão de cunho marxista em que colocava em evidência as contradições presentes entre as classes sociais menos favorecidas que era constituída por sujeitos de direitos e servia de base para a sociedade burguesa endinheirada da época. Assim, as reformas sociais, a negação do Estado, eram discursos desprezados pela classe dominante que controlavam o poder que perpassavam por escolas, universidades e a igreja.

Ao investigar a Geografia a partir do contexto brasileiro Rocha (2000, p. 129) ressaltou que "até o século XIX, os conhecimentos geográficos ensinados nos estabelecimentos educacionais existentes no Brasil não estavam organizados a ponto de constituírem uma disciplina escolar específica". O autor revelou que, no Brasil, quando o monopólio da educação era dos padres jesuítas, a Geografia não era ofertada nas instituições de ensino como matéria. Esta mudança, ocorreu apenas depois do surgimento do Imperial Colégio Pedro II, no Rio de Janeiro.

Para ele:

> [...] a disciplina Geografia passa a ter um novo *status* no currículo escolar. Influenciado pelo modelo curricular francês, no novo estabelecimento de ensino predominavam os estudos literários, mas apesar de não serem a parte mais

> importante daquele currículo estavam presentes as Ciências Físicas e Naturais, a História, as Línguas Modernas e a Geografia. Durante quase todo o Período Imperial, o ensino de Geografia manteve-se quase que inalterado em suas características principais, tendo sofrido poucas alterações no que diz respeito ao conteúdo ensinado ou mesmo na forma de ensinar. Praticou-se durante todo o período, a Geografia escolar de nítida orientação classista, ou seja, a Geografia descritiva, mnemônica, enciclopédica, distante da realidade do(a) aluno(a) (Rocha, 2000, p. 131).

Com base nos estudos constatamos que no decorrer do século XIX, a disciplina de Geografia no Brasil adquiriu um novo *status* com seus fundamentos basilares no modelo curricular francês. Ressaltamos que neste currículo constavam diversas disciplinas, como, o predomínio dos estudos literários. Embora não sendo disciplinas protagonistas, as disciplinas de Ciências Físicas e Naturais, História, as Línguas Modernas e a Geografia já estavam presentes. O autor demonstrou que, durante o Império, a metodologia foi a mesma, isto é, estava embasada no modelo clássico de ensino que consistia na descrição, enumeração e memorização dos conteúdos apresentados sem uma relação com o espaço geográfico.

A princípio, a disciplina caracterizou-se pelo seu modelo tradicional que na contemporaneidade, é possível constatar sua influência em muitas das práticas de ensino. Segundo Pontuschka (2001, p. 113):

> Até os anos 60, muito pouco sabemos sobre a produção de pesquisas voltadas para o ensino e aprendizagem de geografia, a não ser pelas críticas aos livros didáticos realizadas sobretudo por historiadores ou pelos autores que, na década de 30, produziram livros sobre a metodologia da geografia, com destaque para Delgado de Carvalho. A metodologia do ensino geográfico, publicado em 1925, constituiu o trabalho mais importante da geografia do Brasil, na primeira metade do século 20, escrito por Delgado de Carvalho, professor e diretor do tradicional Colégio Dom Pedro II e o primeiro a se preocupar com o ensino de geografia, fundamentado pelo método de pesquisa em ensino da época e propondo uma distribuição mais precisa e lógica dos conteúdos. Esse estudioso interferiu inclusive nas concepções dessa disciplina nas reformas de ensino ocorridas no início do século em nosso país.

O fragmento evidencia as carências metodológicas enfrentadas pelo ensino de Geografia até 1960. Por isso, várias críticas foram feitas aos livros didáticos por historiadores da época como Delgado de Carvalho, que se tornou referência para as escolas do país, no que tange a disciplina de Geografia a partir da década de 1930. Pontuschka deixou claro a contribuição de Delgado de Carvalho para a reforma do ensino ocorrida em meados do século XX.

Ainda para a autora, os geógrafos daquele período:

> [...] produziram artigos sobre o ensino da geografia, preocupados principalmente com os conteúdos escolares, ou seja, "o que ensinar", e não tão preocupados com o "como ensinar?" Se essa crítica pode ser feita para o ensino da geografia na primeira metade do século XX, ainda não podemos dizer que os métodos de ensino mais inovadores e democráticos hoje estão aplicados nas escolas do país. O Instituto Brasileiro de Geografia e Estatística IBGE e o Colégio Dom Pedro II no Rio de Janeiro por muito tempo "ditaram" o elenco de conteúdos que deveriam constar no programa de ensino do Brasil, antes da formação da primeira geração de licenciados das universidades do Rio de Janeiro e de São Paulo (Pontuschka, 2001, p. 113).

A autora evidenciou que os pensadores da disciplina de Geografia avançavam na distribuição dos conteúdos escolares focados no "que" e não no "como" ensinar. Concomitante a isso, Pontuschka afirmou que por mais que tenham surgidos métodos inovadores do ensino de Geografia, estes não apareciam no modo de ensinar nas escolas. Assim, por muitos anos, os centros especializados no ensino de Geografia, como o Instituto de Geografia Estatística (IBGE) e o Colégio Dom Pedro II, foram as instituições que organizaram os conteúdos que deveriam ser ensinados nas escolas. A autora destacou que não havia abertura para reflexão, com outras áreas do conhecimento humano, para um entendimento do que realmente seria essencial no ensino de Geografia.

Afinal, as mudanças e transformações da disciplina de Geografia, de onde vieram, quando e como aconteceram no país? A origem das mudanças se deu mediante o pensamento geográfico francês que chegou ao Brasil por meio de seus princípios basilares em 1934 e influenciou a criação da Faculdade de Filosofia Ciências e Letras da Universidade de São Paulo (USP), bem como também a criação da Universidade Federal do Rio de Janeiro em

1935. Para Silva, o ano de "1934 desponta como ano privilegiado, pois é a data de criação do primeiro curso superior de Geografia no país. Marca o início da Geografia acadêmica, da Geografia científica, o surgimento dessa Geografia de caráter mais acadêmico" (2012, p. 65-66).

De acordo com as explicações de Silva, a presença de professores franceses, criou escola e deixou "[...] marcas profundas nas instituições por onde passaram além de imprimir um 'modo' francês de se fazer a ciência geográfica" (2012, p. 66).

Os primeiros cursos de Geografia em nível superior no Brasil tiveram uma significativa influência do pensamento francês tanto na USP, quanto na Universidade Federal do Rio de Janeiro (UFRJ). Essa justificativa da influência das correntes francesas nas duas universidades brasileira se sustenta na explicação apresentada por Silva a partir de uma relação de nomes que compunha o corpo docente da USP naquele período.[45]

Esses profissionais da educação geográfica formaram gerações por um bom tempo no país. Conforme as turmas iam se formando, as mudanças no campo da Geografia foram ocorrendo naturalmente dentro do processo de consolidação dos cursos.

Assim, a "verdadeira geografia", seguindo o pensamento de Pontuschka (2001), que Aroldo de Azevedo almejava e defendia enquanto ciência evolutiva, "seria aquela produzida à semelhança da que os grandes centros do Hemisfério Norte propunham" (Pontuschka, 2001, p. 114).

Um período importante na trajetória da Geografia foi a criação do Boletim Geográfico que funcionou de 1943 a 1978 e entre as diversas seções, havia o espaço reservado para o ensino de Geografia, que desempenhava a função de um instrumento de formação permanente para o corpo docente, bem como o corpo discente do ensino de Geografia. Em 1946 surgiu o Boletim Paulista de Geografia, um instrumento para a divulgação de estudos e pesquisas que contribuía como referência para inúmeras faculdades particulares, bem como públicas do século XX e XXI. Na seção noticiário, o Boletim influenciava estudiosos da Geografia no território nacional e internacional.

Conforme Pontuschka, a década de 1960, foi mais um marco importante na trajetória da disciplina de Geografia no Brasil:

---

[45] Pierre Monbeig, Pierre Deffontaines, Emile Coonaert, Fernando Braudel, C. Lévi-Strauss, Paul Arbousse-Bastide, Etienne Borne, Jean Mogüé, Robert Garric, Pierre Hourcade, François Perroux, René Courtin, Pierre Fromont; na Universidade do Distrito (Rio de Janeiro), com destaque para a presença de François Ruellan, Henri Hauser, Gaston Leduc, Maurice Bye (Silva, 2012, p. 71).

> Foi a partir da Escola Nova e do conhecimento da obra de Jean Piaget nos anos 60, que os professores tiveram acesso a psicologia da aprendizagem e, paulatinamente, deslocaram o foco do conteúdo para o estudante como o sujeito da aprendizagem. Apesar disso a produção de pesquisas sobre metodologias de ensino e formação de professores de geografia somente se multiplicariam no final do século XX, observando a ótica das relações professor e aluno mediada pelo conhecimento. Os geógrafos tiveram acesso a novas metodologias que permitiram realizar pesquisas sobre o espaço geográfico. O levantamento feito por meio da pesquisa de campo passou a ter o apoio de outros instrumentos técnicos mais sofisticados: a aerofotogrametria, na década de 60, que antes era monopólio dos exércitos brasileiro e americano; na década de 70 as fotos de satélite usados na meteorologia mostrando a cobertura do céu como documentos importantes nos estudos da dinâmica atmosférica, na geomorfologia, na análise do uso do solo urbano e rural; nas décadas de 80 e 90 os programas de computadores e as técnicas ligadas ao sensoriamento remoto (2001, p. 118).

A Escola Nova[46] e a obra de Jean Piaget[47] foram importantes a partir de 1960 como parte da contribuição para o avanço do ensino de Geografia no país. Tanto a Escola Nova quanto a psicologia de Piaget desempenharam um papel significativo ao demonstrar a relevância de se fomentar a autonomia do aluno e que estes eram os sujeitos e protagonistas no processo de ensino e aprendizagem dos conteúdos da disciplina de Geografia. Se antes, os conteúdos da disciplina estavam em primeiro plano, a partir de então, os alunos se tornaram os personagens principais. Com essa "guinada" na maneira de ensinar, os alunos enquanto sujeitos passaram ao primeiro plano. Para época, foi uma estratégia de ensino e aprendizado adotada a partir da proposta de Piaget. A nova postura de apresentar a disciplina mobilizou e trouxe mais criatividade em contrapartida ao modelo tradicional de ensino que havia.

---

[46] A Escola Nova foi um movimento de renovação do ensino que foi especialmente forte na Europa, na América e no Brasil, na primeira metade do século XX. O escolanovismo desenvolveu-se no Brasil sob os impactos de transformações econômicas, políticas e sociais. O rápido processo de urbanização e a ampliação da cultura cafeeira trouxeram o progresso industrial e econômico para o país, porém, com eles surgiram graves desordens nos aspectos políticos, sociais e educacionais, ocasionando uma mudança significativa no ponto de vista intelectual brasileiro e exigindo novas relações escolares e de aprendizagem. Vale ressaltar que no Sudoeste do Paraná por ser região do interior, as inovações da leitura geográfica chegaram mais tarde que em São Paulo.

[47] Jean Piaget nasceu em Neuchâtel - Suíça, 9 de agosto de 1896 – Biólogo, Psicólogo e Epistemólogo, considerado um dos mais importantes pensadores do século XX. Faleceu em Genebra na Suíça em 16 de setembro de 1980.

Referente à didática utilizada naquela época incluindo o Cema e em alguns casos ainda hoje as aulas se desenvolviam mediante a descrição e memorização dos itens que formavam as paisagens de forma cristalizada. Alguns professores não instigavam e não esperavam que o corpo discente pudesse estabelecer as devidas relações, ou fazer analogias em torno dos conteúdos discutidos de forma ativa e dinâmica. Isto é, não se provocava para que os alunos saíssem do estado passivo como meros telespectadores para atuar como sujeito, protagonista que exercitavam a discussão, enquanto ser pensante a partir dos conteúdos geográficos apresentados pelos professores. Este formato de ensino, objetivava, conforme o texto, o ensino de uma Geografia neutra, a saber sem um viés político. Com raras exceções, havia professores que usavam da criatividade para que as aulas de Geografia se tornassem mais atrativas, mesmo com a escassez de material

Com o término da Segunda Guerra Mundial em 1945, houve mudança no cenário nacional e internacional. O sistema capitalista se consolidou no ocidente e passou a adotar medidas mais radicais de expansão, ou seja, uma postura mais monopolizadora e multinacional do grande capital. Uma das primeiras evidências deste período, foi a rápida urbanização, desencadeada pela industrialização.

Concomitantemente a isso, o espaço agrário sofreu diferentes modificações estruturais impulsionada pela "Revolução Verde[48]". Isto devido à industrialização e à mecanização das atividades no campo agrícola em várias partes do mundo.

A partir dessas transformações, as metodologias de ensino da Geografia Tradicional (Clássica) perderam espaço, passaram a operar como instrumentos obsoletos para interpretar a imensa complexidade e, simultaneamente, para oferecer à sociedade uma explicação convincente dos acontecimentos.

Desenvolver estudos apenas do ponto de vista empírico demonstrou ser uma proposta insustentável. Os pensadores da ciência geográfica, precisavam apresentar novas pesquisas direcionadas para investigações das relações mundiais, estudos na perspectiva econômica, política e sobretudo do ponto de vista das relações sociais.

[48] A Revolução Verde consistiu na modernização da agricultura em escala global, efetivada por meio da incorporação de inovações tecnológicas na produção. Teve como base as sementes geneticamente modificadas, os maquinários agrícolas e os insumos químicos, como fertilizantes e agrotóxicos. No Brasil, a incorporação técnica foi feita por meio de incentivos governamentais concomitantemente à expansão das fronteiras agrícolas para as regiões de Cerrado. No caso do Sudoeste isso se deu a partir de meados da década de 1960.

Algumas questões intrigantes surgiram a respeito da Geografia Tradicional: Como estudar a população excluindo a sociedade? Como estudar as instituições humanas desconectadas das relações sociais? Como compreender o papel dos instrumentos de trabalho, com suas determinadas técnicas de aplicação, excluindo o processo de produção? Não seria nenhuma heresia ou absurdo afirmar que, tais estudos seriam hostilizados sem a compreensão do contexto. Tal postura abriria lacunas para questionamentos.

Ocultar, ou ignorar a presença humana neste caso, seria desperdiçar a possibilidade do avanço da Geografia, enquanto ciência relevante que é.

Pontuschcka enfatizou os avanços na área de Geografia, quando recordou que

> Aroldo de Azevedo buscou examinar como a geografia evoluiu no Estado de São Paulo, começando por perguntar: mas que geografia é essa? A geografia puramente descritiva e enumerativa, tipo catálogo, que tanto horror causava ainda causa, por ser um instrumento de martírio dos estudantes...? Ou a geografia que se confunde com a topografia e a cartografia...? Ou finalmente a verdadeira geografia, a geografia moderna que se estuda nos meios cultos da Europa e da América notadamente em que a interpretação dos fatos constitui o coroamento de pesquisas realizadas no terreno e de estudos elaborados em bases científicas? (2001, p. 114).

Pontuschka destacou o papel do professor Aroldo de Azevedo,[49] uma das figuras emblemáticas do ensino de Geografia no Brasil. O professor Azevedo fez críticas contundentes a um modelo de Geografia estagnado, chegando a compará-la a um catálogo, a topografia e a cartografia cristalizada que não possibilitava o debate.

Nesta perspectiva, Josué de Castro tornou-se referência ao utilizar como objeto de estudo a fome no Brasil e no mundo. Esta abordagem representou uma guinada na forma de ler e interpretar as dificuldades e problemas do ponto de vista educacional e de saúde que afetam parte significativa da população, não só brasileira, mas mundial: a fome. Quando o ser humano não come ele adoece, não apreende e não consegue se desenvolver integralmente.

[49] Aroldo de Azevedo nasceu em 03 de março de 1910, na cidade de Lorena - São Paulo. Licenciou-se em geografia e história pela Faculdade de Filosofia, Ciências e Letras da Universidade de São Paulo em 1939. Em 1942 começa a lecionar na USP. Faleceu em 4 de outubro de 1974 em São Paulo.

Esta situação contraditória, conforme Castro (1984), era/é resultado do *modus operandi* do comércio internacional de alimentos em que a produção e distribuição se processam por meio dos interesses econômicos e não como um fenômeno vinculado aos interesses da saúde pública.

Outro problema que afetou o ensino de Geografia no Brasil, segundo Francischett foi a influência dos Estados Unidos. É fato que os Estados Unidos apoiaram a deposição do presidente João Goulart, mediante o golpe civil militar de 1964. Segundo a autora, o Brasil realizou acordos na área da educação com os Estados Unidos visando "reformar e modernizar o ensino".

> A partir de 1964, o programa MEC-USAID (1964-1969), criou a Comissão do Livro Técnico e Livro Didático (COLTED), com o controle americano sobre o mercado do livro e o controle ideológico sobre o processo educacional; a COLTED foi extinta em 1971 e criado o programa do livro didático (PLID) até 1976 quando passou a Fundação Nacional de Material Escolar (FENAME) com a função de definir as diretrizes de produção, distribuição editorial do LD (2010, p. 109).

O fragmento evidencia o controle ideológico sobre os Livro Técnico Didático, material básico no ensino escolar. O que estaria por trás desse controle? Seria a alienação social com discursos desvinculados das relações sociais? Ou a educação seria vista apenas com fins lucrativos? Esse controle fortaleceu o ensino mais tradicional e pragmático da Geografia.

Outro problema que dificultou o desenvolvimento de uma Geografia mais crítica se deu pela sua relação com a História, mediante a imposição dos chamados Estudos Sociais pelo regime militar. Segundo Chagas, autor do parecer que aprovou a reforma do ensino de 1971 e defendeu a criação da licenciatura em Estudos Sociais, a Geografia e a História "convergem para uma visão integrada de homem e meio, que forma o campo dos Estudos Sociais" (1978, p. 143).

A proposta de uma nova nomenclatura, Estudos Sociais, como integração das disciplinas de História e Geografia, para Chagas (1978), não deveria ser apenas uma justaposição, mas sim uma verdadeira integração. Em sua perspectiva, os temas relacionados à Geografia deveriam ser abordados de maneira articulada com as temáticas de História. Isso se justifica pelo fato de que o objetivo dessa abordagem educacional é apresentar a concepção antropocêntrica do homem, colocando-o como aquele que domina o meio em que vive.

No entanto, é importante observar que a concepção de domínio muitas vezes se assemelha a uma atitude que transcende as leis existentes, resulta em danos, destruição e contaminação do meio ambiente. Isso ocorre sob a perspectiva do desenvolvimento nacional, onde a visão de domínio é, por vezes, interpretada como progresso linear da produção de riquezas, desconsiderando as consequências ambientais, a fome e as desigualdades sociais.

A licenciatura de Estudos Sociais foi criada em vários lugares no Brasil, inclusive na Facibel, em Francisco Beltrão. No decorrer dos anos, a licenciatura foi cada vez mais criticada, tanto pelos geógrafos, quanto pelos historiadores. Em torno dessa situação, a comunidade científica se articulou e demonstrou descontentamento com a formação. Assim, organizaram debates sobre o assunto para discutirem sobre o professor polivalente. Na verdade, segundo Pontuschka,

> [...] na polivalência os professores receberiam um "verniz" sobre as diversas ciências, sem que no final do curso tivessem, durante o processo de formação, uma reflexão profunda sobre os fundamentos epistemológicos e metodológicos de cada disciplina (2001, p. 123).

Segundo Zotti (2004), a proposta de ensino do governo militar funcionou na perspectiva do tripé Deus, Pátria e Família. No programa de ensino havia uma mistura de conceitos que objetivaram harmonizar a pátria idealizada. O substantivo Deus aparecia como forma de anestésico social, ou seja, tudo deve ser dessa forma porque é a vontade de Deus. Neste caso, o divino era empregado como recurso para intensificação da alienação social nos moldes da idade média. O texto elucidou também um olhar voltado para a função individual, mediante esta concepção, seria possível atingir o progresso e o bem-estar de todos. Segundo Zotti (2004), o programa educacional não apresentava claramente os direitos dos cidadãos, ficando evidente uma ênfase significativa no ensinamento dos símbolos patrióticos e que este discurso foi uma imposição do regime militar vigente.

A maneira de lecionar a disciplina de Geografia no formato tradicional permaneceu até aproximadamente 1980. Esse modelo caracterizou-se por um ensino de compêndio que enfatizou a enumeração, descrição, memorização de fatos e informações que refletiam a valorização dos conteúdos em si, sem levar em conta necessariamente, a compreensão do espaço.

De acordo com Francischett,

> No decorrer do tempo, a educação vai mudando, principalmente pela metodologia e, o pensamento crítico na década de 70. A publicação do livro de Yves Lacoste, A Geografia – isso serve, em primeiro lugar, para fazer a guerra", em 1976, torna-se o marco da Geografia Crítica no Brasil (2010, p. 118).

A autora evidenciou que a educação é dinâmica, com o tempo, passou por um processo de transição, fundamentalmente no que se referiu às práticas metodológicas. Um outro fator elencado pela mesma autora foi a entrada do pensamento da Geografia Crítica a partir da publicação do Livro: a Geografia — isso serve, em primeiro lugar, para fazer a guerra em 1976. Mesmo não tendo tradução imediata no Brasil, passou a circular a edição portuguesa no final da de 1970. A publicação da obra coincidiu com o período de abertura política no Brasil. A abertura política possibilitou uma série de debates, entre eles as questões educacionais, especialmente uma revisão nos livros didáticos. No início da década de 1980, a maioria dos livros didáticos foram revisado, adotando uma perspectiva mais crítica, havendo também o lançamento de novas obras para atender as demandas da expansão das escolas e dos alunos.

Francischett (2010) ressaltou que os debates em torno da questão do livro didático não surgiram por acaso, muito menos por uma simples coincidência. Na verdade, o livro didático tornou-se objeto de reflexão devido ao aumento significativo das demandas. Houve um crescimento tanto no número de escolas quanto, quanto do número de alunos da rede pública de ensino a partir daquele período.

Com o surgimento desses dois fenômenos, o livro didático emergiu como um instrumento metodológico de trabalho. Isso estava relacionado também à carência de professores habilitados. O livro didático passou a ser uma espécie de guia para garantir um ensino mais qualificado e crítico da Geografia nas escolas públicas.

Como visto, a década de 1980 foi o palco das discussões em torno do livro didático que progredia sucessivamente. Mas Francischett (2010) demonstrou que as discussões não objetivavam o progresso da educação em si, pois a produção do livro didático entrou numa perspectiva mercadológica, que no fundo servia aos interesses das classes dominantes, como instrumento ideológico de legitimação das relações sociais.

As inovações no campo da Geografia com as reflexões críticas inclusive do currículo aconteceram devido às correntes do pensamento tradicional não conseguirem apresentar respostas emergentes aos problemas sociais que o Brasil apresentava. Na explicação de Silva (2009), surgiu um movimento de pesquisadores da Geografia que entendiam que a reformulação a partir de uma revisão da proposta curricular era necessária, uma vez que as correntes das teorias críticas tinham propostas para um currículo, que até então estava cristalizado com temáticas irrelevantes para a realidade brasileira.

Os teóricos observavam que o ensino tradicional de Geografia já não conseguia atender de maneira eficaz às demandas educacionais. Especificamente, a falta de interesse de muitos alunos nas aulas de Geografia indicava a necessidade de uma mudança. Esses teóricos propunham abordagens direcionadas às questões educacionais e sociais. Para os teóricos críticos, a Geografia, enquanto ciência, deveria abordar as desigualdades e injustiças. Assim, a Geografia crítica surgiu como uma resposta a contextos específicos.

No Brasil, parte dos geógrafos e professores estava inquieta e insatisfeita com a maneira de ensinar Geografia. O ensino apresentava sinais de ter perdido a sua relevância social. Segundo Cavalcanti:

> No final da década de 1970 e ao longo da década de 1980, havia sinais de mudanças no ambiente acadêmico como parte de um novo quadro político e social que se vivenciava. Nesse contexto, ocorriam também na Geografia brasileira propostas de mudança em seus rumos teóricos e metodológicos, o que ficou conhecido por todos nós da área como "Movimento de Renovação da Geografia". Tratava-se de um movimento que questionava a tradição da Geografia brasileira, que havia se institucionalizado basicamente a partir da década de 1930, com forte influência da Geografia Clássica francesa. Esse fato e acontecimentos políticos no contexto brasileiro - o processo de abertura política pós-ditadura, a superação de normas educativas impostas pelo regime militar e o movimento pela anistia política, com a lei subsequente (1978[50]) - conferem a esse período a característica de mudanças nas práticas do ensino básico da Geografia, antes marcadas pelo tradicionalismo e enciclopedismo, e nas práticas de formação profissional nessa área (2019, p. 21).

O divisor de águas foi o III Encontro Nacional de Geógrafos, organizado pela Associação dos Geógrafos Brasileiros (AGB), realizado na cidade de Fortaleza, Ceará, em julho de 1978. Naquele encontro protagonizou-se a crítica

[50] Trata-se da Lei n. 6.683, de 28 de agosto de 1979 e não de 1978, como indicou o autor.

despolitizada da Geografia que transitava nos moldes do tradicionalismo. Conforme Kaercher, "(Re)inicia-se, mais uma vez, uma longa caminhada na busca da democratização da sociedade e da escola, e, por conseguinte, da própria Geografia" (2010, p. 64). Este encontro provocou e oportunizou nos embates a necessidade por uma "Geografia renovada" objetivando sepultar a forma tradicional de ensinar desvinculada dos fatores sociais.

Embora muito tenha sido debatido no âmbito do movimento crítico de renovação da Geografia, com a perspectiva de enfocar temas vinculados à realidade dos alunos, foram alcançados muitos avanços. No entanto, segundo Cavalcanti (2006), esse mesmo movimento enfrentou dificuldades ao tentar incorporar os conteúdos geográficos de teor mais crítico às realidades sociais dos alunos e fazê-los chegar às salas de aula. Por que isso ocorreu? Os temas da Geografia renovada eram apresentados prontos, sem uma prévia construção intelectual junto ao corpo docente ou a uma comissão que os representasse. Isso soava como imposição, semelhante à abordagem tradicional da Geografia no passado, em que os conteúdos eram predeterminados e, consequentemente, desconectados da realidade, o que gerava um desinteresse significativo por parte dos alunos.

Conforme destacou Cavalcanti (2006, p. 12):

> [...] as discussões teóricas e as propostas para o ensino de Geografia têm tido pouca penetração na prática desse ensino ou têm demorado muito a chegar a essa instância, mas já é possível observar alterações no cotidiano das aulas de Geografia, alterações fruto de experiências fundamentadas por teorias críticas da Geografia que foram realizadas.

A autora ressaltou que o final da década de 1970 e o início de 1980 houve uma transformação significativa no ensino de Geografia no país. Essas mudanças ocorreram em paralelo às transformações na sociedade, nas quais geógrafos e professores estavam diretamente envolvidos. A ciência geográfica não teria avançado da mesma forma se não fossem os debates contínuos promovidos pela AGB a partir do final da década de 1970.

A década de 1980 foi o cenário que protagonizou o avanço para a produção do conhecimento geográfico crítico, o que objetivou incorporar na disciplina uma proposta curricular, com a capacidade de proporcionar aos alunos formação cidadã. Para tanto, os intelectuais que se dedicaram a esta causa, encontraram em Marx e outros pensadores elementos que contribuíram para uma nova leitura geográfica vinculada à realidade dos alunos. Para Straforini, a discussão para um possível currículo alternativo ao que existia

> [...] estava centrada no materialismo histórico, sendo a Formação Econômico Social (FES) a categoria utilizada para a compreensão espacial. [...]. Nesse sentido, as relações de trabalho e o modo de produção capitalista tornara-se o cerne dos estudos geográficos nas salas de aula, permeando praticamente todos os conteúdos geográficos. Os livros didáticos, os discursos geográficos e a própria prática em sala de aula voltaram-se mais para as tais categorias pertencentes à sociologia e economia do que à Geografia (2004, p. 49).

Ficou evidente que a discussão sobre a nova proposta curricular teve como foco central o materialismo histórico-dialético na definição das categorias exploradas para a nova compreensão do espaço. A Geografia renovada, por meio de sua crítica, passou a focar na formação econômica e social dos alunos. Isso não implicou a exclusão total das categorias de análise específicas da Geografia. No entanto, as análises das relações de trabalho, em conjunto com a forma de produção do sistema capitalista, ocuparam espaço de destaque nas aulas da disciplina.

Como afirmado pela autora, uma das principais vertentes para garantir essa formação crítica e cidadã fundamentou-se no pensamento de Karl Marx, especialmente no que diz respeito à sua análise da sociedade capitalista, oferecendo elementos que contribuíram para uma nova leitura geográfica vinculada à realidade dos alunos. Marx e Engels desenvolveram uma teoria crítica da sociedade que enfatizava as relações de produção e a luta de classes como elementos basilares para a compreensão da dinâmica social.

Essa perspectiva marxista influenciou de forma direta a Geografia crítica e consequentemente parte do pensamento geográfico, o que possibilitou uma abordagem mais crítica e socialmente engajada no estudo da Geografia. O pensamento de Marx e Engels impactou diretamente a partir de uma nova leitura geográfica ao dar mais ênfase nas relações sociais e econômicas. Ou seja, a abordagem marxista destaca a importância das relações sociais e econômicas na organização do espaço geográfico. Isso implica examinar como as relações de produção e as estruturas de classe moldam a distribuição espacial de recursos, poder e desigualdades.

No que diz respeito à análise da urbanização e da cidade, Marx contribuiu de forma significativa quando forneceu *insights* valiosos sobre a urbanização e a cidade. Marx e Engels evidenciaram como o desenvolvimento urbano está intimamente ligado às dinâmicas do capitalismo. Isso levou a uma compreensão mais crítica das cidades como locais de conflito, segregação socioeconômica e transformação social.

As contribuições de Marx e Engels continuaram em outros aspectos como o estudo das paisagens culturais. A perspectiva marxista sobre o estudo das paisagens culturais explorou como as práticas culturais são moldadas por forças sociais e econômicas. Isso inclui análises das representações culturais, memória coletiva e resistência cultural em contextos geográficos específicos.

Marx e Engels enfatizaram a justiça espacial. A teoria marxista contribui para uma leitura mais crítica sob o ponto de vista da justiça espacial, ao averiguar como as desigualdades sociais se manifestam no espaço geográfico e como as políticas espaciais podem perpetuar ou mitigar essas diferenças.

Ao integrar os conceitos marxistas na geografia, os educadores passaram a oferecer aos alunos uma visão mais crítica e contextualizada das questões sociais, econômicas e espaciais. Concomitantemente a esse olhar crítico, os professores proporcionaram uma compreensão mais profunda do mundo ao seu redor, ou seja, uma leitura mais contextualizada da natureza, dos homens e suas relações.

As aulas passaram a incorporar os conteúdos utilizados também em outras disciplinas com categorias da história, sociologia e da economia. Isso não significou que tais categorias foram simplesmente substituídas, mas foram integradas para contribuir, enquanto elementos relevantes na discussão para a formação consciente e cidadã.

Esse avanço foi importante justamente porque a Geografia passou por um momento de transformação. Essa relação entre as ciências e as disciplinas são fundamentais. Não há problemas em outras disciplinas do conhecimento humano utilizarem conceitos às vezes específicos da Geografia para auxiliar em determinadas discussões, pois essa relação interdisciplinar é saudável e formativa para os alunos. As disciplinas escolares precisam contribuir com parte da formação de cidadãos críticos e auxiliar na luta pela erradicação das desigualdades sociais para se viver em uma sociedade mais justa e harmônica.

Por muito tempo os conteúdos ensinados eram irrelevantes por estarem desvinculados da realidade dos alunos e, por isso, causavam aquele tédio nas salas de aulas. Eles não foram totalmente excluídos, mas aos poucos foram cedendo espaço para análises mais críticas e contextualizadas. Este novo modo de abordar, apresentar a Geografia, talvez não tenha agradado a todos os alunos em sala, mas, não é este o objetivo da disciplina durante as aulas, mas sim a formação.

Entre as várias áreas em que a ciência geográfica avançou mediante as teorias críticas, destacamos a educação para a cidadania. Conforme Giroux (1986), é crucial despertar e impulsionar os alunos a refletirem sobre as diversas formas de sociedade e modos de vida diversificados. Callai ressaltou a indispensabilidade de "situá-los neste mundo e, por meio da análise do que acontece, dar-lhes condições para construir os instrumentos necessários para efetivar a compreensão da realidade" (2001, p. 138). Diante dessas considerações, fica evidente que a análise de fatos desvinculados da realidade não é cabível na Geografia escolar. Pelo contrário, a disciplina ganha relevância social ao contribuir para as análises dos fenômenos que nos cercam e estão interligados.

Felizmente muitos grupos de pesquisadores debateram/debatem a problemática do ensino de Geografia e contribuíram/contribuem significativamente ao apontar caminhos concretos de ensinar, para transformar crianças, adolescentes, jovens e adultos em cidadãos mais ativos e participativos na sociedade.

Neste tópico, analisamos a transição da Geografia, da forma tradicional para uma perspectiva crítica de ensinar a disciplina. Observamos a complexidade que havia/há entre a ciência geográfica e a disciplina de Geografia. No próximo tópico procuramos demonstrar como a Geografia era ensinada no Cema, mediante o uso de entrevista e documentos.

## 3.3 O ensino de Geografia no Colégio Estadual Mário de Andrade

Para o ingresso, mediante a matrícula na instituição, o aluno precisava atender a alguns critérios. Conforme estabelecia o artigo 36, da Lei 4024/61, para ingressar no curso ginasial, era necessário ser aprovado no exame de admissão e ter pelo menos 11 anos ou completar até o final do ingresso no curso no período estipulado pela escola.

Na imagem que segue podemos visualizar o comprovante de inscrição para o exame de admissão realizado para ingressar no Cema em 1971.

Figura 22 – Comprovante de inscrição para Exame de Admissão de Mara Regina Dalmarco em 1971[51]

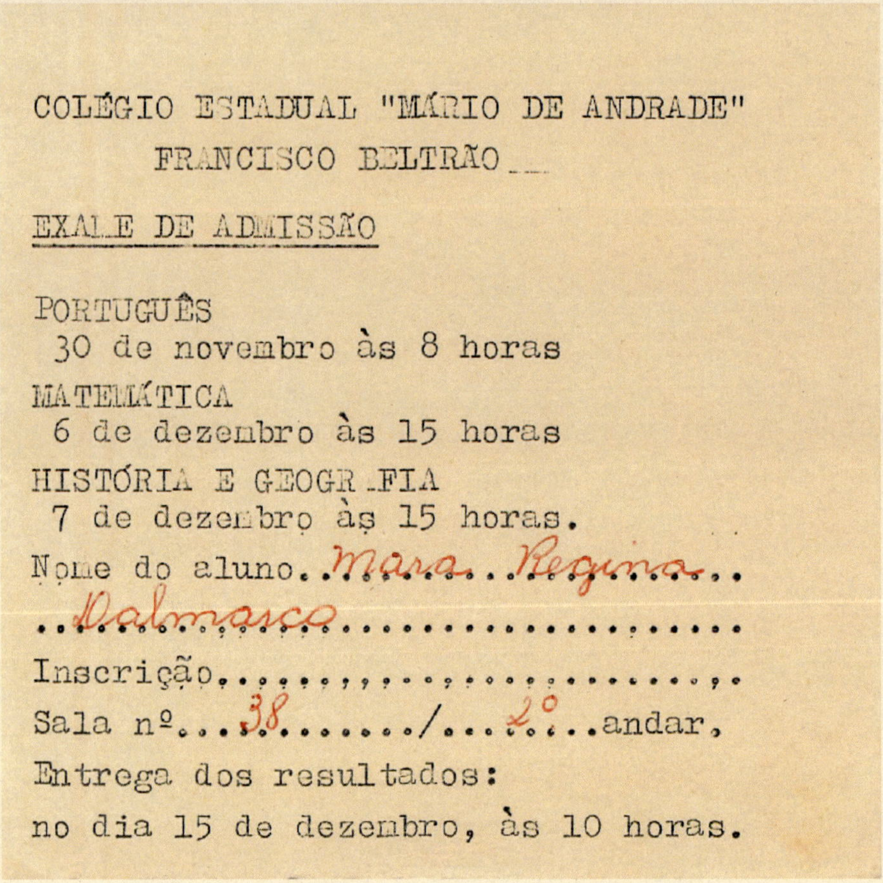

COLÉGIO ESTADUAL "MÁRIO DE ANDRADE"
FRANCISCO BELTRÃO

EXAME DE ADMISSÃO

PORTUGUÊS
30 de novembro às 8 horas
MATEMÁTICA
6 de dezembro às 15 horas
HISTÓRIA E GEOGRAFIA
7 de dezembro às 15 horas.
Nome do aluno..Mara..Regina.....
..Dalmarco.......................
Inscrição.........................
Sala nº...38......./...2º..andar,
Entrega dos resultados:
no dia 15 de dezembro, às 10 horas.

Fonte: Acervo Memorial de Francisco Beltrão (2020)

O documento revelou que o exame de admissão foi aplicado no Cema. Isso ocorria para cumprir uma exigência legal e verificar o nível de conhecimento dos alunos do ensino primário, se estavam em condições de acompanhar os estudos de nível secundário, curso ginasial. Destacamos que o exame de admissão não era para preencher as vagas, mas sim para averiguar o conhecimento dos alunos.

[51] O documento definiu o dia e a hora, mas não o não, mas podemos afirmar que a inscrição foi para o exame de admissão realizado no final de 1971, pois encontramos outros documentos dessa mesma aluna referente ao ano de 1972, constando como matriculada no 1º ano do curso ginasial.

O documento evidenciou que o exame acontecia em três dias diferentes, um dia se aplicava o conteúdo de português, no outro, matemática e em outro, História e Geografia. É notório que a disciplina de Geografia desempenhou um papel relevante na formação da juventude beltronense e região, visto que era uma das exigidas no exame de admissão.

Em entrevista, o professor Danilo Schissel (2020)[52] afirmou que havia um fluxo intenso de alunos nos três turnos, com alunos que vinham de municípios vizinhos que frequentavam o Cema. Afirmou também que devido ao Cema estar funcionando dentro da estrutura do Colégio Glória, que tinha fama de ser uma instituição mais disciplinada, os pais incentivavam os alunos a frequentar a Instituição. Com as religiosas escolares na direção, o Mário se tornou uma instituição de ensino mais rigorosa e organizada. Embora Schissel (2020) tenha destacado que o Cema era um Colégio disciplinado, devido à influência das religiosas escolares, ressaltamos que, naquela época, só existia ele que ofertava o curso ginasial na cidade.

No levantamento de fontes documentais e orais, para sondar a maneira como era ensinada a disciplina de Geografia na época, chegamos ao ex-professor de Geografia Gilberto Martins[53]. Entre as perguntas feitas durante a entrevista, buscamos saber o ano em que iniciou sua trajetória na docência do Cema e quais os conteúdos da disciplina, que ele ensinava aos alunos. De acordo com Martins (2022):

> *Foi a partir de 1971 e trabalhava especificamente a disciplina de Geografia até a criação da nova lei 5692 que veio depois. Quanto ao conteúdo, era sobre a Geografia geral. Trabalhava com os alunos a parte econômica, física humana. Enfim, todas as correspondentes partes da Geografia era trabalhada desde então. Normalmente, dava-se maior ênfase na parte da Geografia Física porque a nossa formação era mais direcionada a essa posição.*

Segundo seu relato, iniciou sua docência em Francisco Beltrão em 1971. Sobre o conteúdo que ensinava, era a Geografia geral que se dividia em três partes a saber: Geografia econômica, física e humana. Provavelmente, quando o professor se referiu a Geografia geral, estava se reportando a

---

[52] Entrevista concedida a Moacir da Costa Belliato em 30 de outubro de 2020.

[53] Gilberto Martins nasceu na cidade de Ponta Grossa – PR, no dia 8 de fevereiro de 1944. Em 1971 veio morar em Francisco Beltrão para lecionar no Cema, que naquela época estava sob a tutela e responsabilidade das Irmãs Escolares de Nossa Senhora. Trabalhou vários anos no Cema, no Núcleo Regional de Educação e na Facibel. Depois fez concurso para o curso de Geografia da Unioeste. Atualmente está aposentado e vive em Francisco Beltrão (Entrevista concedida a Moacir da Costa Belliato, dia 22 de junho de 2022).

Geografia em geral, não a Geografia mundial. O professor evidenciou que a ênfase recaia na Geografia física, visto que a formação que recebeu estava voltada mais para esta área. Questionamos o professor Martins sobre a metodologia que era desenvolvida nas aulas de Geografia naquela época.

> *Era mais ou menos assim, o professor falava durante a aula toda e usava-se o quadro e o giz porque os instrumentos eram poucos. Então a gente não tinha nada que pudesse nos auxiliar em maior profundidade. Os materiais que tínhamos, eram os livros que todos nós comprávamos. Nós tínhamos que ter. As editoras mandavam alguma coisa, mas era limitado. Então quando queríamos algo mais aprofundado, íamos na biblioteca. As aulas eram na base do giz e da conversa mesmo que nós tínhamos com os alunos. Na época das provas, nós tínhamos que datilografar na máquina de escrever e depois utilizávamos um aparelho que se chamava mimeógrafo para multiplicar as avaliações que aplicaríamos no período das provas. Os mimeógrafos do colégio eram melhores pois eram elétricos, mas também bem rudimentares. Eu e a minha esposa, tivemos um mimeógrafo e funcionava com uma manivela. A gente datilografava as provas em uma folha de extenso que servia de matriz para multiplicar as provas. Se você escrevia alguma palavra errada, daí tinha um corretor de líquido vermelho que nós pingávamos na linha que nós tínhamos datilografado errado, esperava secar e depois datilografávamos encima novamente* (Martins, 2022).

O depoimento demonstrou o protagonismo do professor em sala de aula naquela época. Sua fala consistia em um indispensável instrumento de trabalho que se articulava mediante a interação com os alunos bem como a utilização do quadro negro e o giz. O depoimento demonstra a precariedade da educação no período. Os meios para um aprofundamento maior para as aulas eram complicados, uma vez que o estado fornecia o mínimo. Isso revela certo descaso do estado com o trabalho docente na época.

Pelo relato de Martins, verificamos que no ensino de Geografia no Cema, a fala do professor predominava sobre o tempo todo na aula, visto que os recursos didáticos (quadro negro e o giz) eram escassos. Os professores precisavam se organizar com investimentos do próprio bolso. Para um aprofundamento maior, os professores recorriam às bibliotecas. No mais, as aulas aconteciam de forma expositiva, quando se aproximava o período das provas, os professores datilografavam os modelos em máquina de escrever. Para multiplicar as provas que seriam aplicadas, se utilizavam os mimeógrafos do colégio. O professor Gilberto Martins destacou que tinha seu próprio mimeógrafo em casa, que era utilizado por ele e sua esposa, que também era professora, no entanto, era manual, tocado à manivela, e isso implicaria um longo tempo de trabalho para preparar as provas.

Na entrevista sondamos sobre a possibilidade da existência de materiais referentes à disciplina no período em que trabalhou no Colégio, como: cadernos, diários de classe, livros didáticos, avaliações com os conteúdos da disciplina e fotos relacionadas àquele período, Martins nos informou que:

> *Não tenho nada porque eu fiquei uma temporada lecionando no Mário de Andrade e daí quando me aposentei, eu fui trabalhar especificamente na Unioeste. Então todo o material que eu tinha, fiz doação para os colegas que eram professores do Mário de Andrade* (Martins, 2022).

De acordo com seu relato, assim que se aposentou da educação básica, se dedicou ao ensino superior na Unioeste — campus Francisco Beltrão. Todo acervo que disponibilizava fez doações aos colegas professor que permaneceram na instituição, mas infelizmente não conseguimos localizá-los. Socializar os materiais didáticos era uma característica presente entre os professores.

Quando perguntado se conseguiria descrever quais foram as evoluções percebidas na maneira de ensinar Geografia, referentes aos conteúdos e às metodologias no período em que lecionou a disciplina, Martins (2022) destacou:

> *Quando me formei na Universidade Estadual de Ponta Grossa que não era ainda Universidade, mas uma Fundação, eu vim para Francisco Beltrão para trabalhar a Geografia. A Geografia que a gente trabalhava era mais uma geografia dentro de um cunho tradicional. Era muito legal porque a gente trabalhava e os professores tinham voz ativa. O diretor respeitava os professores, os alunos muito mais. Era uma disciplina muito interessante. Depois que veio a lei 5692, é que a coisa foi desvirtuada e foi realmente assim levada a "breca" principalmente na hora em que começou essa nova educação com o Ciclo Básico*[54]*. Aí os alunos poderiam dizer o que queriam, escrever do jeito que queriam, e ninguém podia corrigir nada. Ficava uma coisa assim bem feia. A gente percebe que hoje para os alunos fazerem uma redação alguma coisa de dez linhas, nove tem erros. Então, é complicado a gente*

[54] Nessa parte do relato o professor fez alguma confusão. A Lei 5692 é de 1971, ano em que ele chegou para trabalhar no Cema. O ciclo básico teve início no final dos anos 80 e era para as primeiras séries do 1º grau. O Cema só ofertava de 5ª série em diante.

> *falar. Alunos do segundo, terceiro grau já na faculdade, com dificuldade de escrever. Eu me lembro até que quando a gente corrigia alguma coisa de Língua Portuguesa, os alunos diziam assim: professor, mas você não é da Geografia? Por que tem que corrigir o português? Então era bem complicado isso.*

Segundo Martins, logo que se formou na Fundação (hoje Universidade Estadual de Ponta Grossa — UEPG), mudou para Francisco Beltrão para e ensinar Geografia, que na época havia um cunho mais tradicional. Conforme indicou Martins, era satisfatório ensinar porque os professores tinham voz ativa. Havia um respeito pelos professores por parte dos alunos e pela direção da escola. Para o professor, a implantação da Lei 5692 significou retrocesso. Os alunos, segundo ele, falavam o que queriam. Qualquer correção por parte dos professores era questionada. Quando os alunos escreviam errado nas aulas de Geografia, se fossem corrigidos, diziam que era aula de Geografia e não de Língua Portuguesa. Para Martins, essa dificuldade se via até em alunos do ensino superior, onde ele também foi professor. Martins (2022) fez questão em pontuar que:

> *O ensino de Geografia da época era mais tradicional como havia dito. Mas era de uma disciplina total com relação a tudo aquilo que você falava com os alunos. Os alunos faziam as anotações, colocavam nas provas. Era uma coisa bem legal da gente poder trabalhar. Só que quando foi criado os cursos profissionalizantes que depois teve uma situação também bem complicada com relação ao ensino que não sabia quem era quem. Qual que era o curso que estava sendo trabalhado. Então, era totalmente uma situação de complicação para o ensino da Geografia. Aliás não era só para a geografia, era todas as disciplinas: Geografia, História Biologia, Matemática e Português. Antes da criação da nova lei, foi um tempo que valeu a pena. Depois, com a nova lei 5692, "a vaca foi para o brejo", ou seja, a educação entrou em decadência.*[55]

Para o entrevistado, embora o ensino de Geografia fosse mais tradicional, havia uma boa interação nas salas de aula; os alunos anotavam e questionavam. Ensinar era prazeroso, ressaltou Martins. No entanto, segundo o depoente, com a criação dos cursos profissionalizantes, a educação entrou em um processo de decadência. Em sua opinião, sobre o ensino, ninguém sabia quem era quem.

---

[55] Aqui se verificou outra junção de memórias. Pelo relato do professor, seu início na docência foi 1971, ano da lei; portanto, ele teve pouca experiência de trabalho com a legislação anterior.

Parece-nos que Martins se referiu a diversidade de cursos no Cema, a junção de disciplinas feita a partir da Lei 5692/71, entre História e Geografia com os Estudos Sociais, para se ajustar a formação nos cursos profissionalizantes. Portanto, foi difícil trabalhar a disciplina de Geografia; o professor precisava lidar de forma concomitante com os conteúdos relacionados à História e Geografia, mais direcionados ao curso profissionalizante, que estava ministrando aula no dia/semana/semestre. Para Martins, não era simples se adaptar a um novo processo de ensino. Os professores, que estavam acostumados a desenvolver conteúdos específicos, precisaram abordar temáticas que escapavam de sua área de conhecimento.

Na pesquisa nos arquivos, identificamos uma avaliação da disciplina de Geografia datada de 1972, a qual corrobora as afirmações feitas pelo professor Gilberto Martins. Infelizmente, a prova não menciona o nome do professor. É evidente que a avaliação estava alinhada com os princípios da Geografia tradicional, com ênfase na abordagem da Geografia física. Ao buscar compreender a função da disciplina de Geografia na instituição de ensino, deparamo-nos com uma prova específica da disciplina que contribui significativamente para nossa compreensão desse processo. Na imagem que segue é possível visualizar a prova.

Figura 23 – Prova de Geografia da aluna Mara Regina Dalmarco do Curso Ginasial, 1972

COLÉGIO ESTADUAL "MÁRIO DE ANDRADE" FRANCISCO BELTRÃO
ALUNO: ............ Série ...... Turma ...... TURNO ......
Francisco Beltrão, ...... de ...... de 1972

Teste de Geografia

1 – Francisco Beltrão está localizado ..........
2 – Possue uma área de aproximadamente ..........
3 – Limita-se ao norte com : ..........
e a oeste com ..........
4 – Sua população em todo o município é de ..........
5 – Os principais produtos exportados são ..........
6 – A altitude do município é de .......... acima do nível do mar
7 – Os principais rios do município são ..........
8 – O clima de um modo geral apresenta-se ..........

Responda ( Paraná )

1 – O Paraná limita-se ao norte e nordeste com .......... ao leste com .......... ao sul .......... ao sudeste com .......... e ao oeste com ..........
2 – Quais as 2 regiões do relêvo Paranaense: ..........
3 – Fale sôbre o 1º planalto : ..........
4 – Quais as 2 grandes baias do litoral Paranaense ? Qual o porto que se destaca? ..........
5 – Qual o ponto culminante do Estado? ..........
6 – QUAIS os principais rios da Bacia do Paraná ..........

Fonte: Acervo Memorial de Francisco Beltrão (2020)

Os conteúdos foram apresentados para a avaliação dentro da modalidade perguntas e respostas. Trata-se de um documento mimiografado que tem mais de meio século e está conservado no Acervo do Memorial de Francisco Beltrão. Provavelmente foi a primeira avaliação de Geografia da aluna Mara Regina Dalmarco, a mesma que fez o exame de admissão.

Os conteúdos utilizados nas primeiras 8 questões, concentraram-se em partes da Geografia física tradicional[56] do Município de Francisco Beltrão. As perguntas elaboradas para a avaliação feitas pelo professor estavam relacionadas às questões referentes ao município como: localização, extensão territorial, limites, os pontos cardeais, o número de habitantes. A quinta

[56] A Geografia Física Tradicional era uma ciência que estudava as características naturais existentes na superfície da terra, bem como sua dinâmica e os elementos naturais, tais como o clima, relevo, geologia, topografia, vegetação, hidrografia, dentre outras questões.

pergunta focou na Geografia Econômica. A questão explorada pelo docente foi relacionada aos principais produtos agrícolas exportados do município. Na sequência, retornou aos aspectos da Geografia Física. A pergunta foi referente a altitude em relação ao nivel do mar, nomes dos principais rios e sobre o clima no município.

Na segunda etapa das perguntas, o docente explorou os aspectos geográficos do Estado do Paraná. As perguntas se referiram à localização do Estado tomando como base, os pontos cardeais, regiões dos relevos paranaense, descrição do 1º planalto, os nomes das duas grandes bacias do litoral, nome do porto que se destaca no Estado, o ponto culminante do Estado e os principais rios da bacia do Paraná.

A avaliação aplicada pelo professor de Geografia, para a aluna Mara Regina Dalmarco, evidenciou o modelo tradicional descritivo do ensino da época. Esse modelo de ensino era hegemonico na década de 1970, como demonstrado no tópico anteriro. Por ser uma região de colonização tardia, os avanços no ensino de Geografia também vieram mais tarde.

Na nossa busca nos arquivos encontramos outra avaliação da mesma aluna, mas nesta não constava a data de aplicação. Na imagem que segue, podemos visualiar outra prova de Geografia da aluna Mara Regina Dalmarco.

Figura 24 – Prova de Geografia da aluna Mara Regina Dalmarco do Curso Ginasial, 1972

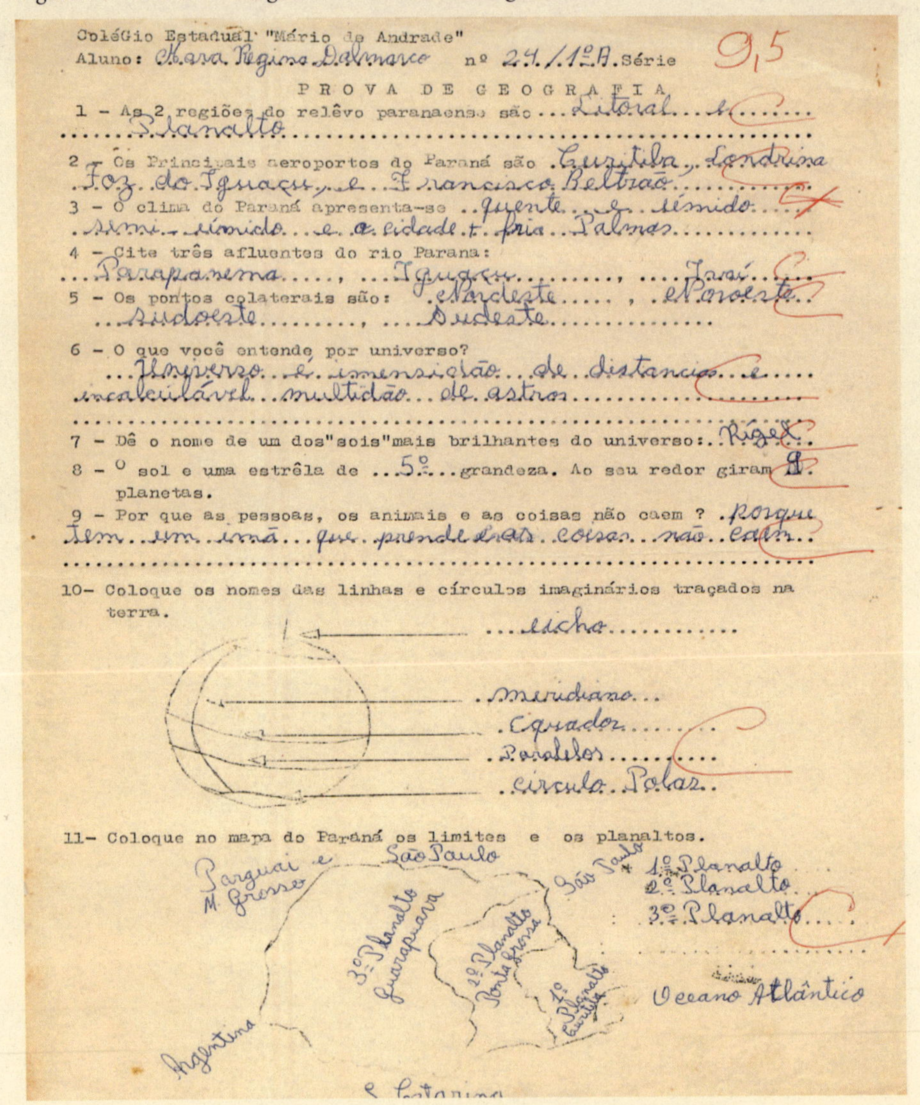

Colégio Estadual "Mário de Andrade"

Aluno: Mara Regina Dalmarco nº 24 / 1ª A. Série 9,5

PROVA DE GEOGRAFIA

1 – As 2 regiões do relêvo paranaense são Litoral e Planalto

2 – Os principais aeroportos do Paraná são Curitiba, Londrina, Foz do Iguaçu, e Francisco Beltrão

3 – O clima do Paraná apresenta-se quente e úmido, semi-úmido e a cidade + fria Palmas

4 – Cite três afluentes do rio Paraná: Paranapanema, Iguaçu, Ivaí

5 – Os pontos colaterais são: Nordeste, Noroeste, Sudoeste, Sudeste

6 – O que você entende por universo? Universo é imensidão de distancia e incalculável multidão de astros

7 – Dê o nome de um dos "sois" mais brilhantes do universo: Rígel

8 – O sol e uma estrêla de 5ª grandeza. Ao seu redor giram 9 planetas.

9 – Por que as pessoas, os animais e as coisas não caem ? porque tem um imã que prende as coisas não caem

10– Coloque os nomes das linhas e círculos imaginários traçados na terra.

eicho

meridiano

equador

paralelos

circulo polar

11– Coloque no mapa do Paraná os limites e os planaltos.



Fonte: Acervo Memorial de Francisco Beltrão (2020)

A prova encontrada sem data indica ser uma avaliação de outro bimestre. A aluna Mara Regina Dalmarco alcançou a nota 9,5 na anterior sua nota foi 5,5. As questões também estavam relacionadas ao conteúdo da Geografia Física, sendo citadas em questões do relevo do estado Paraná, os principais aeroportos, o clima, os afluentes do rio Paraná, os pontos colaterais. Também foram apresentadas como questões: o conceito de universo, o nome de um dos "sois" mais brilhantes do universo, definir o que é sol e quantos planetas giram ao seu redor, o porquê as pessoas, os animais e as coisas não caem e nomes das linhas e círculos imaginários traçados na terra. Com o uso da representação de mapa, reforçou os aspectos da Geografia física: ao escrever no mapa do Paraná os limites e para indicar os planaltos do estado, todas as questões estavam centradas na Geografia física.

A avaliação da aluna Mara Regina Dalmarco do início da década de 1970 ofereceu consistência sobre o programa do ensino de Geografia desenvolvido no Cema. Constatamos que se estudava o que estava estabelecido no sistema de ensino tendo como base legal, a LDB 4.024/1961 e ao estabelecido na Lei do Sistema de ensino do Paraná, Lei 4978 de 1964. A saber, uma proposta de ensino mais direcionada à Geografia Física, Alguma coisa sobre a Geografia Econômica e da Geografia Astronômica conforme as grades curriculares apresentadas e com parte expressiva do conteúdo sobre a geografia regional e estadual.

Na imagem podemos visualizar o Boletim Escolar do ano de 1974, referente ao curso ginasial, da aluna Mara Regina Dalmarco.

Figura 25 – Boletim Escolar da aluna Mara Regina Dalmarco do Curso Ginasial do Cema de 1974

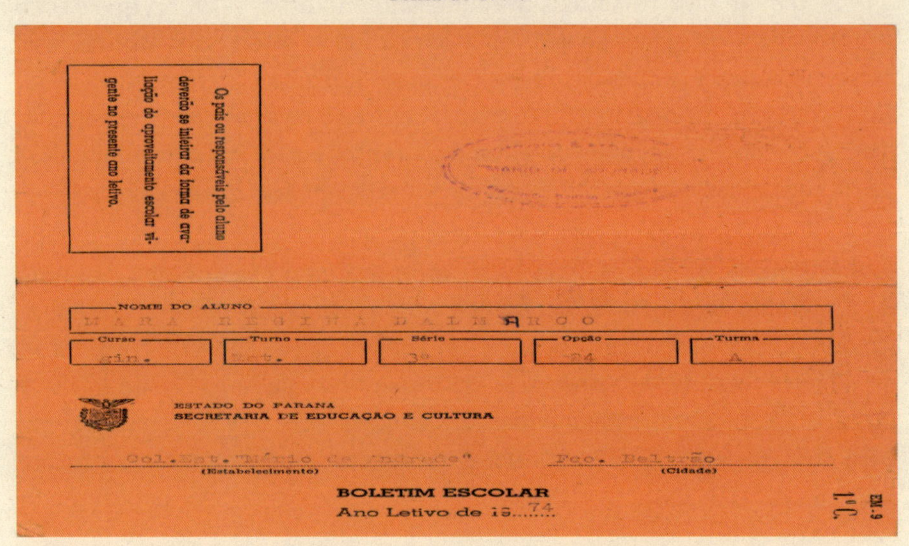

Os pais ou responsáveis pelo aluno deverão se inteirar da forma de avaliação do aproveitamento escolar vigente no presente ano letivo.

NOME DO ALUNO: MARA REGINA DALMARCO

| Curso | Turno | Série | Opção | Turma |
|---|---|---|---|---|
| gin. | | 3ª | | A |

ESTADO DO PARANÁ
SECRETARIA DE EDUCAÇÃO E CULTURA

Col. Est. "Mário de Andrade" (Estabelecimento) — Fco. Beltrão (Cidade)

BOLETIM ESCOLAR
Ano Letivo de 19 74

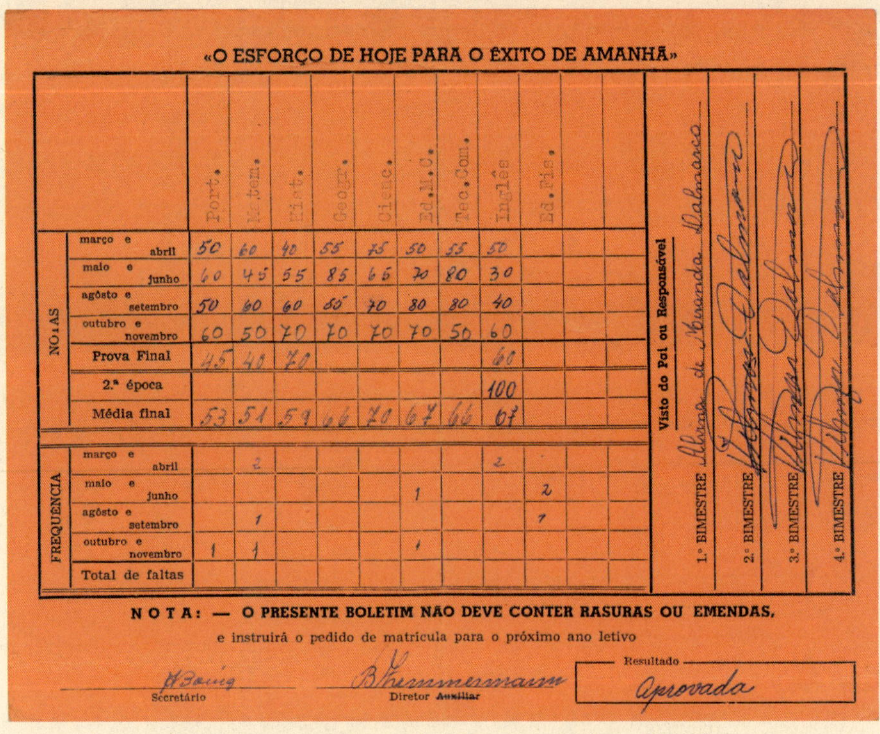

«O ESFORÇO DE HOJE PARA O ÊXITO DE AMANHÃ»

| | | Port. | Matem. | Hist. | Geogr. | Ciênc. | Ed.M.C. | Tec.Com. | Inglês | Ed.Fís. | | |
|---|---|---|---|---|---|---|---|---|---|---|---|---|
| NOTAS | março e abril | 50 | 60 | 40 | 55 | 75 | 50 | 55 | 50 | | | |
| | maio e junho | 60 | 45 | 55 | 85 | 65 | 70 | 80 | 30 | | | |
| | agôsto e setembro | 50 | 60 | 60 | 55 | 70 | 80 | 80 | 40 | | | |
| | outubro e novembro | 60 | 50 | 70 | 70 | 70 | 70 | 50 | 60 | | | |
| | Prova Final | 45 | 40 | 70 | | | | | 60 | | | |
| | 2.ª época | | | | | | | | 100 | | | |
| | Média final | 53 | 51 | 59 | 66 | 70 | 67 | 66 | 67 | | | |
| FREQUÊNCIA | março e abril | | 2 | | | | | | 2 | | | |
| | maio e junho | | | | | | 1 | | | 2 | | |
| | agôsto e setembro | | 1 | | | | | | | 1 | | |
| | outubro e novembro | 1 | 1 | | | | 1 | | | | | |
| | Total de faltas | | | | | | | | | | | |

Visto do Pai ou Responsável: 1.º BIMESTRE; 2.º BIMESTRE; 3.º BIMESTRE; 4.º BIMESTRE

NOTA: — O PRESENTE BOLETIM NÃO DEVE CONTER RASURAS OU EMENDAS, e instruirá o pedido de matrícula para o próximo ano letivo

Secretário — Diretor ~~Auxiliar~~ — Resultado: Aprovada

Fonte: Acervo Memorial de Francisco Beltrão (2020)

O documento remonta ao ano de 1974 e revela que a estudante Mara frequentava a 3ª série A, período matutino, do Cema. No boletim, podemos observar a estrutura do curso dividido em quatro bimestres, com as respectivas disciplinas oferecidas naquele ano, incluindo Geografia. Também estão visíveis as anotações relacionadas à frequência escolar da aluna. Ao final do documento, encontramos o espaço designado para as assinaturas da secretária e da diretora da instituição.

A direção do Colégio naquele período estava aos cuidados da Irmã Bárbara Zimmermann, religiosa da Congregação das Irmãs Escolares de Nossa Senhora. Isso demonstra que no final de 1974, o curso ginasial do Cema ainda estava instalado nas estruturas físicas do Glória.

As buscas para encontrar ex-professores do Colégio que pudessem contribuir de alguma forma com dados sobre o ensino de Geografia continuaram. Em conversas com os funcionários da biblioteca municipal, fomos informados sobre o professor Félix Padilha[57]. Entramos em contato e agendamos seu depoimento. O professor Félix Padilha foi também diretor do Cema e professor da disciplina de Geografia. Segue parte da entrevista em que fez sua apresentação:

> *Trabalhei como diretor por dois anos. Antes eu fui secretário, professor. Foi no início dos anos 80 por 2 anos. Então como na época não havia concurso público ainda para professor as aulas eram distribuídas harmonicamente pela direção da escola e às vezes sobrava aulas de geografia da quinta e sexta série. E na falta de professor, e eu gostava de geografia e na época a gente não tinha muito material didático era muito, escasso. A gente levava as crianças no pátio marcava os pontos cardeais no chão e depois ficava ao redor e ensinava tudo: Norte Sul, Leste, Oeste, Nordeste e Noroeste porque isso na época dava muito resultado também por ser mais prático.* (Padilha, 2020).

O depoente informou que atuou no Cema no início da década de 1980, na função de diretor da instituição e ressaltou que antes trabalhou também como secretário e professor, não havia professores o suficiente para atender a demanda, por isso muitos eram contratados como professor temporário. Como

[57] Félix Padilha é natural da cidade de Nova Prata, no Rio Grande do Sul. Chegou em Francisco Beltrão em 1948. Durante 14 anos trabalhou no comércio de Florindo Penso, que era o maior comerciante da região. O empresário era comprador de suínos e de produtos da agricultura. Depois trabalhou no Colégio Cristo Rei. Foi o primeiro diretor do Caíque (escola da rede municipal). Trabalhou no Colégio Nossa Senhora de Fátima na comunidade de Nova Concórdia. Foi diretor no Colégio Mario de Andrade no início da década de1980.

o número de professores habilitados em cada disciplina era pequeno, sempre sobrava aulas para serem distribuídas pela direção da instituição. Na condição de diretor, e por ser amante da Geografia, assumiu aulas na 5ª e 6ª séries. Segundo Padilha, na época os materiais didáticos eram escassos. Os professores precisavam usar da criatividade. Assim, em suas aulas de Geografia, conduzia as crianças para o pátio do Colégio, para ensinar na prática. No chão escrevia os pontos cardeais, distribuía os alunos ao redor das escritas e ali realizava suas aulas. Segundo ele, conseguia colher bons resultados do conteúdo ensinado.

Na imagem que segue, podemos visualizar a frente do Colégio Estadual Mário de Andrade na rua Tenente Camargo n. 345, no Bairro Luther King. Observamos o professor Felix Padilha junto à porta de entrada do Colégio entre os alunos. A imagem possibilita o entendimento de que os alunos estariam no momento de intervalo de aula.

Figura 26 – Colégio Estadual Mário de Andrade, Francisco Beltrão, em 1982

Fonte: Acervo Colégio Estadual Mário de Andrade (2022)

Na imagem, também podemos identificar os automóveis predominantes à época: o Fusca e a Brasília. A respeito dos conteúdos explicados na disciplina de Geografia da instituição, no início da década de 1980, Padilha (2020) destacou que:

> *Ensinava técnicas agrícolas naquele momento de falta de professores para as matérias específicas que não tendo concurso e os concursados. Eu gostava também de ensinar o que conhecia e vivia. Eu levava os alunos fora da sala e pegava na cooperativa uma certa quantidade de semente de milho e distribuía entre eles. Ensinava como plantar e dava as técnicas, porque na prática eles também saiam mais motivados. Incentivava depois no final do ano na colheita fazia um concurso para ver quem colhia a maior espiga. Então era muito bonito porque despertava nas crianças o interesse na agricultura. Até nas reuniões de pais às vezes, tinha pais e mães que elogiavam esse trabalho. Lembro que uma época, uma mãe chegou a dizer que num domingo de seca o filho dela pegou um balde foi molhar as sementinhas que havia plantado na roça com medo de ficar para trás.*

Ao considerar as demandas da época e pelo município que desenvolvia atividades essencialmente agrícolas, o relato evidenciou ensinamentos da "Geografia Agrária" e econômica. Os alunos, segundo Padilha, aprendiam técnicas de cultivo e produção em suas aulas. Na ausência de professores concursados, parece que os professores de Geografia exerciam sua profissão com liberdade. Havia uma flexibilização curricular e, por isso desenvolviam atividades que serviam para o cotidiano. Padilha enfatizou que no final do ano letivo também ocorria a colheita das espigas de milho provenientes das sementes plantadas pelos alunos. Assim, o professor organizava um concurso para determinar quem havia alcançado a produção da maior espiga. O contexto sugere que a estratégia adotada visava estimular o nível de empenho de cada estudante na atividade proposta.

Assim, constatamos que o professor buscou, de maneira pedagógica, demonstrar e despertar nos alunos, por meio de aulas práticas de plantio, o aprendizado na área agrícola. Concomitantemente, ele procurou conscientizar os discentes sobre a importância da produção agrícola no município, assim como a dignidade do trabalho e a relevância das famílias que viviam e sobreviviam das atividades desenvolvidas no campo. No entanto, não ficou evidente na entrevista se o professor conscientizava seus alunos sobre questões relacionadas à utilização de pesticidas e suas trágicas consequências para o meio ambiente e a saúde das pessoas.

Reproduzimos aqui uma vista aérea do Colégio Estadual Mário de Andrade em Francisco Beltrão.

Figura 27 – Vista aérea do Cema, em Francisco Beltrão 2020

Fonte: Acervo Colégio Estadual Mário de Andrade (2022)

A imagem do Cema revela um ambiente fisicamente bem estruturado, compreende um ginásio de esportes, salas de aula, biblioteca, pátio para recreio e socialização, além da secretaria acadêmica. Neste capítulo, exploramos as prerrogativas do Colégio enquanto instituição educacional, abordando questões relacionadas às bases legais para o ensino de Geografia. Também analisamos a trajetória do ensino, examinando as razões que motivaram uma transição do modelo tradicional para o crítico.

Durante as investigações, constatamos que os alunos que aspiravam estudar na instituição precisavam realizar a um exame de admissão, no qual eram avaliados em seus conhecimentos gerais. Por meio de entrevistas, identificamos as dificuldades enfrentadas pelos professores de Geografia devido à escassez de materiais de ensino. Esse fenômeno evidenciou a indiferença e omissão do estado na oferta de um ensino público de qualidade. Naquela época, para superar as barreiras pedagógicas e tornar as aulas mais atrativas e práticas, a criatividade se revelou como um caminho alternativo.

# CONCLUSÕES

Este estudo é resultado da investigação realizada nos últimos anos sobre o Colégio Estadual Mário de Andrade e o ensino de Geografia. A investigação procurou compreender o papel histórico do Cema no desenvolvimento regional entre 1964 e 1982, inserindo a instituição na conjuntura nacional e estadual.

Ainda que de forma breve, analisamos o processo de modernização do Brasil iniciado por Getúlio Vargas, o plano de metas desenvolvimentista do presidente Juscelino Kubitschek, bem como de seus sucessores. Vimos que após a derrubada do presidente João Goulart e a chegada do regime militar, ocorreram mudanças radicais, na política brasileira mediante imposições.

Demonstramos que o modelo de modernização nas áreas da infraestrutura caminhava paralelamente com as formas de intimidação utilizadas pelos governos militares. Os estudantes universitários eram perseguidos. Mesmo assim, a esperança e a convicção de que precisava haver mudanças eram urgentes. Os estudantes se articulavam na clandestinidade. Os militares não pouparam nem mesmo as universidades, tudo o que representava uma ameaça para a nova ordem estabelecida, era reprimida de forma desumana.

Na área da agricultura, voltada para a produção em grande escala, ficou evidente o papel da Esalq, da USP, campus Piracicaba, atuando como epicentro de formação agrícola, selecionada pelos governos militares. A Esalq foi protagonista no processo de desenvolvimento agrícola nacional e estadual na formação de professores, investimentos em pesquisas no fomento de políticas agrárias. A escola foi uma escola orgânica da área rural brasileira, sendo essencial no desenvolvimento das políticas agrárias dos governos militares, consolidando as bases que favoreceram o agronegócio no país, tendo impactos diretos na região sudoeste do Paraná.

Os anos se passaram e o regime passou a se deteriorar. A participação da população brasileira no pocesso de transição do governo militar para as eleições democráticas foi fundamental. Este clamor das ruas por transição de governo tornou-se cada vez expressivo. Evidenciou-se que essa rejeição ao regime ocorreu devido aos militares menosprezarem em suas pautas governamentais, projetos de desenvolvimento com olhar voltado para a população mais carente na área da educação, saúde de qualidade e trabalho com salários decentes para os mais pobres. Na década de 1980, o regime militar continuou a se desgastar. A crise econômica que o Brasil enfrentou, acelerou a queda do regime.

Quanto ao processo de ocupação no Sudoeste do Paraná, esta ocorreu a partir dos descendentes dos imigrantes já nascidos no Brasil. Um dos fatores que motivaram este acontecimento, foi devido às propagandas de que no Sudoeste, as terras eram agricultáveis e baratas. Neste contexto que se iniciaram o processo dos fluxos migratórios dos minifúndios do estado do Rio Grande do Sul. Este movimento impulsionou o surgimento do modelo das pequenas propriedades. A característica principal era a produção mediante o trabalho em família.

Para compreender o desenvolvimento de Francisco Beltrão, estudamos parte dos feitos de cada administração municipal entre 1952 e 1982, buscando verificar as ações e transformações, que afetaram a política educacional, ou seja, estimularam a demanda por escolas, levando a verticalização do ensino.

Dentro desse processo de crescimento surgiu a necessidade de criação do Ginásio Estadual de Francisco Beltrão. Vimos que sua implantação foi resultado de inúmeras reivindicações de familiares e lideranças locais. Após a instalação da instituição de ensino, constatamos um clima de tensão políticas que havia sobre a nomeação para o cargo de diretor. Outro fator que ganhou destaque foi a parceria estabelecida entre a Secretaria Estadual de Educação do Paraná e as Irmãs Escolares de Nossa Senhora, para uso das instalações do Instituto Nossa Senhora da Glória, como estrutura física para o funcionamento do Ginásio Estadual Francisco Beltrão, a qual coube às religiosas a direção da instituição. Mediante alguns materiais encontrados: documentos, dissertações, teses, recorte de jornal, entrevistas e questionários, foi possível levantar parte da história desta significativa instituição pública que contínua formando gerações a 60 anos.

Enfrentamos dificuldades para acessar alguns arquivos no Colégio Mário de Andrade, pelo descarte da documentação, demonstra-se a negligência com a memória da instituição. Mesmo com essas dificuldades encontramos alguns materiais relevantes da época, como: provas de Geografia e boletim. Entrevistamos algumas testemunhas vivas que circulam pelo município como, ex-alunos, ex-professores e diretores que integraram o corpo discente e docente da época, colhendo seus depoimentos apoiados na metodologia da história oral. Esses profissionais da educação e do ensino de Geografia protagonizaram o ensino naquele período e utilizaram a metodologia do seu tempo. Estes ofereceram significativas contribuições na formação intelectual de adolescentes e jovens.

Naquele contexto, a educação secundária estava iniciando no município de Francisco Beltrão e região, por isso, os gestores enfrentaram inúmeros desafios para a contratação de professores, precisando contar com a colaboração de profissionais liberais para montar o corpo docente da Instituição.

Discutimos também a trajetória do processo de transformação na forma de ensinar Geografia. Constatamos que até final 1970, este ensino era ofertado predominantemente nos seus aspectos físicos, que tinha como metodologia a descrição dos dados empíricos. A partir da década de 1980, a Geografia assumiu uma postura mais crítica e conseguiu, a partir do apoio das ciências humanas contribuir com inúmeras questões sociais que precisavam de respostas como: meio ambiente, agricultura, fome, desigualdades sociais etc. A nova postura da Geografia no Cema, enquanto ensino crítico, chegou um pouco mais tarde em um período que extrapolou o período do nosso recorte 1982. Ou seja, se deu por meados da década de 1980, coincidindo com a transformação do curso de Estudos Sociais, da Facibel, em licenciatura em Geografia.

Vimos que a instalação do Ginásio Francisco Beltrão foi resultado de reinvindicações populares para atender as demandas daquelas famílias que não tinham condições de pagar o ensino particular. Como demonstrado, o ano da sua instalação foi 1964. Devido ao sudoeste do Paraná ter sido uma região de colonização tardia, o desenvolvimento por aqui também foi se realizando paulatinamente.

A escassez de professores na época fez com que a direção do Ginásio contratasse professores suplementaristas para conseguir atender as demandas educacionais do período. As fontes investigadas demonstraram que o processo de transição do Ginásio que ocorreu do Colégio Suplicy se deu devido ao seu funcionamento precário. Após um acordo firmado entre a Secretaria de Educação do Estado do Paraná e o Instituto Nossa Senhora da Glória, as religiosas escolares assumiram a direção da instituição e o Ginásio começou a funcionar nas dependências do Instituto, numa estrutura ampla e recém-construída.

Quanto ao ensino das disciplinas escolares, dentre elas a Geografia, a instituição acompanhava o que estava estabelecido na Lei 4024/62. Esta Lei foi a que embasou a normativa para a criação do Ginásio e sua transformação em Colégio.

Com a implantação da Faculdade de Palmas, em 1968, com o passar dos anos, a questão da formação de um corpo docente mais preparado foi se concretizando. Encontramos relatos de que na instituição trabalharam professores que vieram de outros municípios, como foi o caso do professor Gilberto Martins, que veio de Ponta Grossa e atuou no Cema a partir de 1971.

Localizamos materiais da época como provas que demonstraram que os aspectos da Geografia Física recebiam maior atenção. Ao visitarmos os documentos da Secretaria de Educação, encontramos os currículos da época desenvolvidos conforme as séries que os alunos frequentavam.

Mediante entrevistas, constatamos que com a reforma do ensino, estabelecida pela Lei 5692/71, a qualidade do ensino decaiu. Os professores de Geografia, precisavam trabalhar conteúdos de História sem às vezes possuir domínio total do conteúdo.

Não temos dúvidas de que o Cema contribuiu na formação de diversas gerações. A instituição desempenhou uma função social muito significativa e, dentro das suas possibilidades contribuiu com a educação e formação de adolescentes e jovens do município e cidades do entorno como: Marmeleiro, Renascença e Salgado Filho entre outros. Sobre as diferentes áreas do conhecimento que o Cema ofereceu suas contribuições, destacamos o ensino de Geografia. Buscamos investigar as atribuições que o Cema desempenhou enquanto instituição pública de ensino.

Neste percurso, a instituição atendeu às necessidades do seu tempo e ofertou o conhecimento geográfico aos seus alunos, de acordo com o que estava previsto nas normas preestabelecidas. Constatamos que o ensino de Geografia a partir do recorte estudado foi na modalidade tradicional, mas mesmo assim respondeu à proposta curricular do período. O estudo evidenciou que os professores encontravam dificuldades para preparar as aulas de Geografia, devido à escassez de material.

Ao concluir esta obra, podemos afirmar que o Cema contribuiu de forma decisiva com a educação de Francisco Beltrão e da região, desempenhando uma função social significativa na formação de inúmeros adolescentes e jovens, bem como na preparação de profissionais nessas seis décadas para o mercado de trabalho, agregando mais riquezas e desenvolvimento para Francisco Beltrão e região.

# REFERÊNCIAS


ANDRADE, Manuel Correia de. **Geografia, ciência da sociedade**: uma introdução à análise do pensamento geográfico. São Paulo: Atlas, 1992.

ARNS, Paulo Evaristo. **Brasil Nunca Mais**. Petrópolis: Editora Vozes, 1998.

BELLIATO, Moacir da Costa. **O Colégio Nossa Senhora da Glória e o Processo de Escolarização no Município de Francisco Beltrão - PR (1951 - 1982).** 2017. Dissertação (Mestrado em Educação) – Universidade Estadual do Oeste do Paraná, Francisco Beltrão, 2017.

BELLIATO, M. C.; CASTANHA, A. P. O Instituto Nossa Senhora da Glória e a Escolarização em Francisco Beltrão - PR e Região (1952-1982). **Revista Diálogo Educacional**, Curitiba, v. 22, n. 73, p. 700-728, 2022. Disponível em: https://periodicos.pucpr.br/dialogoeducacional/article/view/28938/25590. Acesso em: 7 out. 2022.

BELTRÃO, Tatiana. Reforma tornou ensino profissional obrigatório em 1971. **Agência Senado**, Brasília, 2017. Disponível em: https://www12.senado.leg.br/noticias/materiasfracassou-na-ditadura. Acesso em: 7 out. 2022.

BRASIL. Decreto-Lei Nº 4.244, de 9 de abril de 1942. Lei orgânica do ensino secundário. Rio de Janeiro, 9 de abril de 1942, 121º da Independência e 54º da República. **Diário Oficial da União** - Seção 1 - 10/4/1942. Disponível em: https://www2.camara.leg.br/legin/fed/declei/1940-1949/decreto-lei-4244-9-abril-1942-414155-norma-pe.html. Acesso em: 7 out. 2022.

BRASIL. Decreto nº 12.417, de 12 de maio de 1943. Cria a Colônia Agrícola Nacional "General Osório", no Estado do Paraná. **Diário Oficial da União** - Seção 1 - 14/5/1943. Disponível em: https://www2.camara.leg.br/legin/fed/decret/1940-1949/decreto12417-12-maio-1943-450906-publicacaooriginal-1-pe.html. Acesso em: 7 out. 2022.

BRASIL. Lei Nº 4.024, de 20 de dezembro de 1961. Fixa as Diretrizes e Bases da Educação Nacional. Rio de Janeiro: **Diário Oficial da União** - Seção 1 - 27/12/1961, Página 11429. (Coleção de Leis do Brasil - 1961, Página 51 Vol. 7 Publicação Original). Disponível em: http://www2.camara.leg.br/legin//lei/1960-1969/lei-4024-20-dezembro-1961-353722publicacaooriginal-1-pl.html. Acesso em: 7 out. 2022.

BRASIL. Decreto nº 50.637, de 20 de maio de 196. 1Cria Grupo Executivo de Coordenação do Crédito Rural (GECRE) e dá outras providências. **Diário Oficial da União** - Seção 1 - 20/5/1961, Página 4612 (Publicação Original) Coleção de Leis do Brasil - 1961, Página 270 Vol. 4 (Publicação Original). Disponível em: https://www2.camara.leg.br/legin/fed/decret/1960-1969/decreto50637-20 maio-1961-390169-publicacaooriginal-1-pe.html. Acesso em: 7 out. 2022.

BRASIL. Decreto nº 51.514, de 25 de junho de 1962. Cria Grupo Executivo para as Terras do Sudoeste do Paraná e dá outras providências. **Diário Oficial da União** - Seção 1 - 26/6/1962, Página 6957 (Publicação Original). Disponível em: https://www2.camara.leg.br/legin /feed/decreto/1960-1969/decreto-51514-25-junho 1962-391295-norma-pe.html. Acesso em: 7 out. 2022.

BRASIL. Lei nº 5.692, de 11 de agosto de 1971. Fixa Diretrizes e Bases para o ensino de 1° e 2º graus, e dá outras providências. Brasília. Coleção de Leis do Brasil de 1971, vol. 5. **Diário Oficial da União** - Seção 1 em 12/8/1971, p. 6377. Disponível em: http://www2.camara.leg.br/legin/fed/lei/1970-1979/lei-5692-11-agosto--1971-357752-publicacaooriginal-1-pl.html. Acesso em: 7 out. 2022.

CALDANA, Valter. Dom Paulo Evaristo Arns. De como um homem muda a geografia de uma cidade. **Drops**, São Paulo, ano 17, n. 111.03, dez. 2016. Disponível em: https://vitruvius.com.br/revistas/read/drops/17.111/6325. Acesso em: 16 jul. 2024.

CALLAI, Helena Copetti. A geografia e a escola: muda a geografia? Muda o ensino? **Revista Terra Livre**, São Paulo, n. 16, p. 133-152, 1º semestre/2001.

CAMPOS, Flávio de; MIRANDA, Renan Garcia. **A escrita da história**. São Paulo: Escala Educacional, 2005.

CANTERLE, Nilsa Maria. O Ensino Superior no Sudoeste do Paraná: origem e trajetória de transformação da FACIBEL. **Emancipação**, Ponta Grossa, v. 11, n. 2, p. 153-173, 2011.

CASTANHA, André Paulo. **Edição Crítica da Legislação Educacional Primária do Brasil Imperial**: a legislação geral e complementar referente à Corte entre 1827 e 1889. Francisco Beltrão: UNIOESTE; Campinas: Navegando Publicações, 2013.

CASTRO, Josué de. Geografia da Fome (O Dilema Brasileiro: Pão ou Aço). **Edição Revista**, Rio de Janeiro, 1984.

CATELLAN, Carla. **Educação Rural no Município de Francisco Beltrão entre 1948 a 1981**: a escola multisseriada. Francisco Beltrão: Universidade Estadual do Oeste do Paraná (UNIOESTE), 2014.

CAVALCANTI, Lana de Souza. **Geografia, escola e construção do conhecimento.** 9. ed. Campinas: Papirus, 2006.

CAVALCANTI, Lana de Souza. **Pensar pela Geografia** – ensino e relevância social. Goiânia, GO: C&A Alfa Comunicação, 2019.

CHAGAS, Valnir, Educação Brasileira: **O Ensino de 1º e 2º Graus Antes** – Agora e Depois. [*S. l.*]: Edição Saraiva, 1978.

COLNAGHI, Maria Cecília. **Colonos e Poder**: A Luta Pela Terra no Sudoeste do Paraná. Dissertação (Mestrado em História) – Universidade Federal do Paraná, Curitiba, 1984.

CORRÊA, Roberto Lobato. **Região e organização espacial**. São Paulo: Ática, 1986.

DAVIES, Nicholas. **Legislação educacional federal básica**. São Paulo: Cortez, 2004.

ENEGE – ENCONTRO NACIONAL DE ENSINO DE GEOGRAFIA – **FALA PROFESSOR**, 1., 1987, Brasília. **Anais [...]**. Brasília: ASSOCIAÇÃO DOS GEÓGRAFOS BRASILEIROS (AGB), 1987. 127 p.

FAUSTO, Boris. **História do Brasil**. 2. ed. São Paulo: Editora da Universidade de São Paulo, 1995.

FERREIRA, José Roberto Martins. **História**. 2. ed. São Paulo: FTD, 1997. v. 8.

FERREIRA, Marieta de Moraes; AMADO, Janaína. **Usos & Abusos da História Oral**. 8. ed. Rio de Janeiro: Fundação Getulio Vargas, 2006.

FIORESE, Gilmar. **A Mulher e os Conflitos Sociais no Sudoeste do Paraná (1943-1962)**. Dissertação (Mestrado em História) – UNESP, Assis; UNICENTRO; Guarapuava, 2000.

FLÁVIO, Luiz Carlos, **Memória(s) e território**: elementos para o entendimento da constituição de Francisco Beltrão-PR. 2011. Tese (Doutorado em Geografia) –Universidade Estadual Paulista Faculdade de Ciências e Tecnologia, 2011.

FRANCISCHETT, Mafalda Nesi. **A Cartografia no Ensino de Geografia**: abordagens Metodológicas para o Entendimento da Representação. Cascavel: Edunioeste, 2010.

FRASSON, Margarete. **A Mobilidade dos Estudantes do Ensino Médio na Tríplice Fronteira (BR, PY E AR)**: A Cidadania Negada na Diversidade dos Lugares. Tese (Doutorado em Geografia) – Universidade Estadual de Maringá, Maringá, 2019.

FREITAS, Sônia Maria. **História Oral Possibilidades e Procedimentos**. São Paulo: Humanitas, 2002.

FREITAS, José Cassiano. **A Política Agrícola do regime Militar de 1964**: Aspectos Jurídicos, Financeiros e Socioeconômicos. Dissertação (Mestrado em Mestrado de Direito) – Universidade de Fortaleza, Fortaleza, 2008.

GIROUX, Henry. **Teoria crítica e resistência em educação**: para além das teorias de reprodução. Tradução de Ângela Maria B. Biaggio. Petrópolis: Vozes, 1986.

GOMES, Paulo César da Costa. **Geografia e Modernidade**. Rio de Janeiro: Bertrand Brasil, 2007.

GREGORY, Valdir. **Os Eurobrasileiros e o Espaço Colonial** – Migrações no Oeste do Paraná. Cascavel: Edunioeste 2008.

HAESBAERT, Rogério. Morte e Vida da Região: antigos paradigmas e novas perspectivas da Geografia Regional. *In:* SPOSITO, E. (org.). **Produção do Espaço e Redefinições Regionais**: a construção de uma temática. Presidente Prudente: UNESP: FCT: GASPER, 2005.

HARACENKO, Adélia Aparecida de Souza. **Querência do Norte** – Uma Experiência de Colonização e Reforma Agrária no Noroeste Paranaense. Maringá: Editora Massoni, 2002.

INSTITUTO NOSSA SENHORA DA GLÓRIA. **Crônicas**. Francisco Beltrão. Arquivo Colégio Nossa Senhora da Glória, 1982. Mimeografado.

LACOSTE, Yves. **A geografia** – isso serve, em primeiro lugar, para fazer a guerra. 15. ed. Campinas: Papirus, 1988.

KAERCHER, Nestor André. **A Geografia escolar na prática docente**: a utopia e os obstáculos epistemológicos da geografia crítica. São Paulo. 2004. 363 f. Tese (Doutorado em Geografia Humana) – Programa de Pós-Graduação em Geografia Humana, Faculdade de Filosofia, Letras e Ciências Humanas, Universidade de São Paulo, São Paulo, 2004.

LAZIER, Hermógenes. Francisco Beltrão: 25 anos de lutas, de trabalho e de progresso. **Revista Jubileu de Prata** – Francisco Beltrão Edição Histórica. Francisco Beltrão: Editora Folha do Sudoeste LTDA, 1977.

LAZIER, Hermógenes. **Análise Histórica da Posse da Terra no Sudoeste Paranaense**. 2. ed. Francisco Beltrão: Grafit, 1998.

LAZIER, Hermógenes. **Escola Nossa Senhora da Glória, "A Semente que Germinou"**. Francisco Beltrão: Grafisul,1982.

LENCIONI, Sandra. Região e Geografia: A Noção de Região no Pensamento Geográfico. *In*: CARLOS, Ana Fani Alessandri (org.). **Novos Caminhos da Geografia**. 3. ed. São Paulo: Contexto, 2001.

MARTINS, Rubens da Silva. **Entre Jagunços e Posseiros**. Curitiba: [*s. n.*], 1986.

MARX, Karl. **Contribuições à crítica da economia política**. 2. ed. São Paulo: Expressão Popular, 2008.

MENEZES, Ebenezer Takuno de. Verbete MEC/USAID. **Dicionário Interativo da Educação Brasileira - EducaBrasil**. São Paulo: Midiamix Editora, 2001. Disponível em https://www.educabrasil.com.br/mec-usaid/. Acesso em: 29 mar. 2023.

MOLINA, Rodrigo Sarruge; SANFELICE, José Luís. Ditadura e Educação Agrícola: A ESALQ/USP e a Gênese do Agronegócio Brasileiro. **Educ. Soc.**, Campinas, v. 39, n. 143, p. 321-341, abr.-jun. 2018.

MOREIRA, Antônio Flávio; SILVA, Tomaz Tadeu da Sociologia e teoria crítica do currículo: uma introdução. *In:* MOREIRA, Antônio Flávio; SILVA, Tomaz Tadeu da **Currículo, cultura e sociedade.** 7. ed. São Paulo: Cortez, 2002. p. 7-37.

NIEDERHEITMANN, Luiz Carlos. **Das Matas Primitivas a Polo de uma Região**: Abordagem Histórica. Francisco Beltrão: UNICENTRO, 1986.

OLIVEIRA, Vilson Jaques de. **O Ensino Primário no Sudoeste do Paraná entre 1930 e 1952**: Criação, Difusão e Organização. 2022. Dissertação (Mestrado em Educação) – Universidade Estadual do Oeste do Paraná, Francisco Beltrão, 2022.

PARANÁ. Lei nº 790, de 14 de novembro de 1951. Dispõe sobre a Divisão Administrativa do Estado no quinquênio de 1952 a 1956. **Diário Oficial no. 208**, de 16 de novembro de 1951, Curitiba. Disponível em: 246 https://www.legislacao.pr.gov.br/legislacao/pesquisarAto.do?action=exibir&codAto=16495indice=1&totalRegistros=1&dt=12.3.201.17.17.24.75. Acesso em: 7 out. 2022.

PARANÁ. Secretaria de Educação e Cultura. **Programas do Ensino Médios**. Sugestões apresentadas pela S.E.C. aos professores dos estabelecimentos estaduais de ensino. Curitiba: Secretaria de Educação e Cultura, 1962a.

PARANÁ. Secretaria de Educação e Cultura. Portaria n. 873, de março de 1962. Institui Normas para a fixação dos Currículos nos Estabelecimentos Estaduais de

Ensino Médio e dá outras providências. *In:* PARANÁ, Secretaria de Educação e Cultura. **Currículos do Ensino Médio fixados pela S. E. C. para os Estabelecimentos Estaduais de Ensino Médio no ano letivo de 1962.** Curitiba: Secretaria de Educação e Cultura, Caderno n. 2, 1962b.

PARANÁ. Lei n. 4978, de 05 de dezembro de 1964. Estabelece o sistema estadual de ensino. **Diário Oficial nº. 242**, de 26 de dezembro de 1964, Curitiba. Disponível em: http://www.legislacao.pr.gov.br/legislacao/pesquisarAto.do?action=exibir&codAto=12350&indice=1&totalRegistros=3. Acesso em: 19 jan. 2021.

PARANÁ. Conselho Estadual de Educação (CEE). Resolução n. 26/65, de 1965. **Revista Critéria**, Curitiba, n. 1-2, jan./dez. 1965.

PARANÁ. Secretaria de Educação e Cultura. **Portaria n. 20, de 15 de janeiro de 1968.** Dispõe sobre a extinção e transformação das Escolas Normais Ginasiais Estaduais. Curitiba: FUNDEPAR – Coletânea da Legislação Estadual de Ensino, 1968. v. 2.

PARANÁ. Colégio Estadual Mario de Andrade. **Planejamento Prévio do 1º complexo de Francisco Beltrão – PR**. 1973. (Documento encadernado mimeo).

PARANÁ. Secretaria de Estado de Educação do Paraná. **Diretrizes Curriculares da Educação Básica de Geografia**. Paraná, 2008.

PARANÁ. Colégio Estadual Mario de Andrade. **Projeto Político Pedagógico** - Construção Coletiva 2017.

PARANÁ. Colégio Estadual de Renascença Padre José Júnior Vicente. **Projeto Político Pedagógico** - Construção Coletiva 2022.

PARANÁ. Colégio Estadual de Marmeleiro. **Projeto Político Pedagógico** - Construção Coletiva 2017.

PEGORARO, A. Ivo. **Sudoeste Político.** 2. ed. Francisco Beltrão: Editora Jornal de Beltrão, 2015.

PRIORI, Ângelo *et al.* **História do Paraná**: Séculos XIX e XX. Maringá: Eduem, 2012.

PONTUSCHKA, Nídia Nacib. A geografia: pesquisa e ensino. *In*: CARLOS, Ana Fani Alessandri (org.). **Novos Caminhos da Geografia.** 3. ed. São Paulo: Contexto, 2001.

ROCHA, Genylton Odilon Rego da. Uma breve história da formação do(a) professor(a) de Geografia no Brasil. **Terra Livre,** São Paulo, n. 15, p. 129-144, 2000.

SANTOS, Milton. **A natureza do espaço:** técnica e tempo, razão e emoção. São Paulo: Hucitec, 1996.

SANTOS, Milton. **Da totalidade ao lugar**. São Paulo: Edusp, 2005.

SANTOS, Roseli Alves. **O Processo de Modernização da Agricultura no Sudoeste do Paraná.** Tese (Doutorado em Geografia) – Universidade Estadual Paulista "Júlio Mesquita Filho", Presidente Prudente, 2008.

SAVIANI, Demerval. **Pedagogia Histórico Crítica**. 10. ed. rev. Campinas: Autores associados, 2008.

SEINO, Eduardo; ALGARVE, Giovana; GOBBO, José Carlos. Abertura Política e Redemocratização Brasileira: entre o moderno-conservador e uma "nova sociedade civil". **Revista Sem Aspas**, Araraquara, v. 2, n. 1-2, p. 31-42, 2013.

SERVIGNINI. Alisson Fernando. **O Colégio Estadual Mário de Andrade de Francisco Beltrão**: Da Fundação à Consolidação na Formação Secundária entre 1964 e 1982. 2020. Dissertação (Mestrado em Educação) – Universidade Estadual do Oeste do Paraná, Francisco Beltrão, 2020.

SEVERGNINI, Alisson; CASTANHA, André Paulo. O Colégio Estadual Mário de Andrade: da Criação à consolidação como Instituição Pública de Ensino Secundário em Francisco Beltrão - PR (1964-1982). **Revista de História e Historiografia da Educação**, Curitiba, v. 4, n. 10, p. 154-183, jan./abr. 2020. Disponível em: http://dx.doi.org/10.5380/rhhe.v4i10.74095. Acesso em: 15 out. 2022.

SCHALEMBERGER, Erneldo. **Associativismo Cristão e Desenvolvimento Comunitário**: Imigração e Produção Social do Espaço Colonial no Sul do Brasil. Cascavel: Edunioeste, 2009.

SILVA, José Borzacchiello da. **França e a escola brasileira de geografia**: verso e reverso. Fortaleza: Edições UFC, 2012.

SILVA, T. Tadeu da. **Documentos de identidade**. 3. ed. Belo Horizonte: Autêntica, 2009.

STRAFORINI, Rafael. **Ensinar geografia**: o desafio da totalidade-mundo nas séries iniciais. São Paulo: Annablume, 2004.

TOMPSON, Paul. **A Voz do Passado** – História Oral. 3. ed. São Paulo: Paz e Terra, 2002.

TRIVINOS, Augusto N. S. **Introdução à Pesquisa em Ciências Sociais**: A pesquisa qualitativa em educação. São Paulo: Atlas S.A, 1992.

VESENTINI, José Willian. **Para uma geografia crítica na escola**. São Paulo: Ática, 1992.

VESENTINI, José Willian. Geografia crítica e ensino. *In:* OLIVEIRA, Ariovaldo Umbelino de (org.). **Para onde vai o ensino de geografia?** 9. ed. São Paulo: Contexto, 2005a. p. 30-38.

VESENTINI, José Willian. Realidades e perspectivas do ensino de geografia no Brasil. *In*: VESENTINI, J. W. (org.). **O ensino de geografia no século XXI**. Campinas, SP: Papirus, 2005b. p. 219-248.

VLACH, Vânia Rubia Farias. **Geografia em construção**. Belo Horizonte: Editora Lê, 1991.

ZOTTI, Solange Aparecida. **Sociedade, educação e currículo no Brasil**: dos Jesuítas aos anos de 1980. Campinas: Autores Associados, 2004.

## RELATOS ORAIS E MANUSCRITOS

FERREIRA, Belair. **Entrevista concedida a Moacir da Costa Belliato**, 12 de novembro de 2020.

MARTINS, Gilberto. **Entrevista concedida a Moacir da Costa Belliato**, 22 de junho de 2022.

PADILHA, Félix. **Entrevista concedida a Moacir da Costa Belliato**, 13 de novembro de 2020.

SCHISSEL, Danilo. **Entrevista concedida a Moacir Belliato**, 30 de outubro de 2020.

## ARQUIVOS E BIBLIOTECAS

Arquivo do Colégio Estadual Mario de Andrade

Arquivo do Acervo Memorial de Francisco Beltrão

Arquivo do Instituto Nossa Senhora da Glória

Arquivo Público do Paraná

Biblioteca Municipal de Francisco Beltrão

Biblioteca da Universidade Estadual do Oeste do Paraná – campus Francisco Beltrão